시간에 관한 경구들, 특히 '카르페 디엠' 같은 멋진 구호는 그것을 받아들이는 사람의 세계관과 문화적 배경에 따라 수만 가지 방식으로 해석되고 적용될 수 있다. 당신이 삶의 의미를 어디에 두는지에 따라, 아니 더 나아가 과연 삶의 의미는 자신이 만들어 내는 것인지 아니면 외부에서 주어지는 것인지에 대한 생각에 따라서도 이 말은 완전히 다른 뜻이 된다. 카르페 디엠에 대한 그 수많은 해석과 적용들 가운데, 오스 기니스는 성경의 언약적 역사관이야말로 가장 강한 추진력과 높은 이상을 구현함을 입증한다. 성경에 따르면 역사는 (순환적이지 않고) 직선적이고, 우리의 선택이 중요할 뿐 아니라 우리는 선택에 책임이 있다. 뿐만 아니라 그 모든 과정을 주관하시는 하나님은 선하시고 지혜로우시며 완벽하시다. 이 주장은 모순적으로도 보이지만, 이러한 역사 이해는 우리를 책임 있는 삶의 주체로 서게 하는 동시에 겸손하게 미래의 소망을 바라볼 수 있게 한다. 당신이 이 책을 읽는다면, 반드시 자기 삶의 시간표를 재점검하게 될 것이다!

이정규 시광교회 담임 목사, 『야근하는 당신에게』 저자

우리 삶은 연속적인 듯하지만, 마치 스트리트 뷰를 군데군데 보는 것처럼 매 순간 선명하진 않다. 멈춰 서서 360도로 둘러볼 새도 없이 다음 지점으로 밀려가야 할 때도 많다. 하늘에서 드론을 통해 보거나 위성사진을 보는 것처럼 주변을 잘 살피고 싶지만, 우리는 기껏해야 고층 아파트에서 아래를 내려다보는 정도로만 볼 수 있다. 다행스럽게도 오스 기니스는 『오늘을 사는 이유』를 통해 우리를 인공위성보다 높은 곳으로 인도한다. 광대한 지도상의 한 점 같은 우리 존재가 우주적 의미를 지니고 있음을 알려 주고, 우리가 현재를 누리기 위해 이미 치러진 대가가 얼마나 값진 것인지 기품 있게 설명해 준다. 이 책을 읽다 보면, 시간은 그다지 숭고하지도 세속적이지도 않은 것이며, 하나님의 형상을 지닌 우리 존재가 기계적 시간에 매일 수 없음을 잔잔히 깨닫게 된다. 그러므로 당부하건대, 이 책을 너무 서둘러 해치우지는 마시라.

황병구 「복음과 상황」 이사장, 『관계중심 시간경영』 저자

중년이 되니 과일 한 조각이나 빵 한 덩이처럼 내게도 유효 기간이 있음을 종종 깨닫게 된다. 그러면 '이 모든 게 뭘 위해서인가? 언젠가는 이 모든 게 잊힌다면, 내가 하는 무슨 일이든 의미가 있을까? 그런 현실을 인식하며 잘 산다는 것은 무엇을 의미하는가?' 같은 의문이 떠오른다. 오스 기니스는 자신만의 독특한 방식으로 이러한 의문을 탐구할 뿐 아니라 만족스럽고 잘 증명된 답변을 제시한다. 나와 비슷한 의문을 가져 본 적이 있는 사람이라면, 혹은 그렇지 않은 사람에게도 이 책은 큰 도움이 될 것이다. 강력하게 추천한다.
스캇 솔즈『예수님처럼 친구가 되어 주라』저자

대부분의 사람들은 본능적으로 하루를 충실히 살아야 한다고 느낀다. 그런데 그 하루는 정말 붙잡을 가치가 있는가? 그렇게까지 전적으로 붙잡아야 하나? 오스 기니스는 '오늘을 살라'(seize the day)는 이 오래된 격언을 둘러싼 심오한 주제들을 지혜롭고 철저하게 탐구하며, 삶을 최대한 선용하며 살아간다는 것이 무슨 의미인지 명확한 관점을 얻도록 도와준다.
스티브 터너 저널리스트, 작가, 시인

나는 예술가로서 세상을 변화시키고자 하는 소망에 연료를 공급해 줄 수 있는 영감을 지속적으로 찾아 헤맸다. 이러한 면에서 오스 기니스보다 더 나의 열정에 불을 붙여 주는 사상가는 없으며, 이 책 『오늘을 사는 이유』도 마찬가지다.
맥스 매클린 배우, 연극 감독

『오늘을 사는 이유』에서 오스 기니스는 시간의 본질과 개념, 현 시대에 충실하고자 하는 그리스도인의 자기 이해의 중요성에 대해 훌륭하게 설명해 준다. 우리가 하나님 앞에서 걷고 우리 세대에 그분의 목적을 이루기 위해 노력할 때 인식하게 되는 겸손함으로, 신실하고 두려움 없는 삶을 살아가도록 초청한다.
트레빈 왁스『디스 이즈 아워 타임』저자

이 책에서 흘러나오는 지혜는 독자의 내면 깊숙이 파고들어 오랫동안 영감을 줄 것이다. 오스 기니스는 지긋지긋하게 바쁜 오늘날의 문화 속에서 우리가 가진 시간에 대해 골똘히 생각할 수 있게 도와준다. 우리가 그의 안내를 따를 때 그 보상은 어마어마하다. 우리는 의미 있고 절대 무너지지 않는 소망으로 살아갈 수 있을 것이다.
마이클 리브스 영국 연합신학교 학장

오늘을 사는 이유

IVP(InterVarsity Press)는
캠퍼스와 세상 속의 하나님 나라 운동을 지향하는
IVF(InterVarsity Christian Fellowship)의 출판부로
생각하는 그리스도인을 위한 문서 운동을 실천합니다.

Originally published by InterVarsity Press
as *Carpe Diem Redeemed* by Os Guinness
ⓒ 2019 by Os Guinness
Translated and printed by permission of InterVarsity Press
P. O. Box 1400, Downers Grove, IL 60515, USA.
www.ivpress.com

Korean Edition ⓒ 2020 by Korea InterVarsity Press
156-10 Donggyo-ro, Mapo-gu, Seoul 04031, Republic of Korea.

오늘을 사는 이유
카르페 디엠, 시간의 의미를 기억하라

Carpe Diem
Redeemed

오스 기니스 | 홍병룡 옮김

IVP

우리에게 우리 날 계수함을 가르치사
지혜로운 마음을 얻게 하소서.

시편 90:12

범사에 기한이 있고
천하만사가 다 때가 있나니
날 때가 있고 죽을 때가 있으며
심을 때가 있고 심은 것을 뽑을 때가 있으며
죽일 때가 있고 치료할 때가 있으며
헐 때가 있고 세울 때가 있으며
울 때가 있고 웃을 때가 있으며
슬퍼할 때가 있고 춤출 때가 있으며
돌을 던져 버릴 때가 있고 돌을 거둘 때가 있으며
안을 때가 있고 안는 일을 멀리할 때가 있으며
찾을 때가 있고 잃을 때가 있으며
지킬 때가 있고 버릴 때가 있으며
찢을 때가 있고 꿰맬 때가 있으며
잠잠할 때가 있고 말할 때가 있으며
사랑할 때가 있고 미워할 때가 있으며
전쟁할 때가 있고 평화할 때가 있느니라.

전도서 3:1-8

시간은 창조된 것이다. "나는 시간이 없다"는 말은
"나는 원치 않는다"고 말하는 셈이다.

노자, 『도덕경』

시간은 지나가고, 당신은 그것을 되돌릴 수 없다. 시간은 당신이 가진 것이고, 당신의 몫은 작다. 미래의 시간은 존재하지 않고 결코 오지 않을지도 모른다. 현재의 시간만이 당신에게 유일하다.

고대의 해시계에 새겨진 글

당신의 일을 내일이나 모레로 미루지 말라.
게으른 일꾼은 자기 곳간을 채우지 않기 때문이다.
헤시오도스, "일과 날"

시간이 모든 것을 밝힐 것이다. 시간은 수다쟁이,
묻지 않을 때에도 말한다.
에우리피데스

오늘을 위해 살고, 내일을 위해 계획하고, 어제를 기억하라.
이솝

열매 맺지 못하는 바쁜 생활을 경계하라.
소크라테스

헤라클레이토스가 말하길, 모든 것은 지나가고 하나도 남지 않으며,
존재하는 것들을 강물의 흐름에 비유하자면 당신은 같은 강물에
두 번 발을 담글 수 없다.
플라톤, 『크라틸로스』

소크라테스: "케팔로스여, 노인들과 얘기하는 것보다 내가 더 좋아하는 것은 없소. 내가 보기에 그들은 우리 또한 가야 할지 모르는 길을 먼저 간 여행객들이라오. 우리는 그 길이 어떤지, 거칠고 어려운지 혹은 부드럽고 쉬운지 알아야 한다오."
플라톤, 『공화국』

당신이 그렇듯이 나도 그렇고 모두가 그렇다.
로마의 묘비명

목적지에 가까워질수록 더 많은 식량이 필요한 여행객보다
더 우스운 것이 있겠는가?
키케로, 『노년에 관하여』

또 내가 내 영혼에게 이르되 "영혼아, 여러 해 쓸 물건을 많이 쌓아
두었으니 평안히 쉬고 먹고 마시고 즐거워하자" 하리라 하되
하나님은 이르시되 "어리석은 자여, 오늘 밤에 네 영혼을 도로 찾으리니
그러면 네 준비한 것이 누구의 것이 되겠느냐?" 하셨으니.

누가복음 12:19-20

내가 확신하노니 사망이나 생명이나 천사들이나 권세자들이나
현재 일이나 장래 일이나 능력이나 높음이나 깊음이나 다른 어떤
피조물이라도 우리를 우리 주 그리스도 예수 안에 있는 하나님의
사랑에서 끊을 수 없으리라.

바울, 로마서 8:38-39

지혜로워지고, 포도주를 잘 걸러 내고, 긴 희망을 잘라 작은 공간에
넣으라. 말하는 동안에도 시샘하는 시간은 날아가 버린다. 오늘을 붙잡고
[카르페 디엠] 내일을 위해서는 최소한만 남겨라.

호라티우스,『송시 첫 번째 책』의 송시 11번

바쁜 사람에게는 살아가는 것보다 덜 바쁜 것이 없다.…[지혜로운
사람은] 마치 그날이 최후의 날인 것처럼 하루를 세심히 계획한다.…
우리에게 주어진 시간이 너무 적은 것이 아니라 우리가 너무 많은 시간을
잃어버리는 것이다.…우리는 짧지 않은 인생을 받았지만 짧아지게
만든다. 우리가 적게 받은 것이 아니라 우리가 가진 것을 낭비한다.

세네카,『인생의 짧음에 관하여』

인생이란 얼마나 하찮은가. 어제는 한 방울의 정액, 오늘은 미라이거나
한 줌의 재다. 그러므로 이 쏜살같은 순간들을 대자연이 원하는 대로
보내고, 자신을 낳은 땅에 대한 축복이자 자신에게 생명을 준 나무에 대한
감사로써 올리브가 제철에 떨어지듯이 당신도 은혜롭게 안식에
들어가라.…성품의 완전함이란 광분하거나 냉담하거나 가장하지 않고
하루하루를 마지막 날처럼 사는 것이다.

마르쿠스 아우렐리우스,『명상록』

과거가 더 이상 존재하지 않고 미래는 아직 존재하지 않는데,
어떻게 과거와 미래가 존재할 수 있는가? 현재에 대해 말하자면,
만일 언제나 현재이고 현재가 결코 과거가 되지 않는다면,
그것은 시간이 아니라 영원일 것이다.
히포의 아우구스티누스, 『고백록』

가장 지혜로운 자에게 가장 큰 괴로움은 시간을 잃어버리는 것이다.
단테, 『신곡』

그때 나는 이 초라한 흙 항아리의 입술에
기댔다, 나의 인생의 비결을 배우려.
입술이 입술에게 속삭였다. "사는 동안에
마셔라! 한번 죽으면 결코 되돌아오지 못하리라."
오마르 하이얌, 『루바이야트』

인간사에는 조류가 있어, 만조를 잘 타면 행운에 이르지요.
놓치면 그들 인생의 항해가 여울에 묶여 불행을 자초한다오.
현재 우리는 만조에 떠 있소. 호기에 그 물결을 타야 하오.
그렇지 않으면 기회를 놓치게 될 거요.
윌리엄 셰익스피어, 『율리우스 카이사르』

나는 시간을 허비했고 이제는 시간이 나를 허비한다.
윌리엄 셰익스피어, 『리처드 2세』

할 수 있는 동안 장미 봉오리를 모아라.
늙은 시간이 끊임없이 날아가고 있다.
오늘 미소 짓는 바로 이 꽃도
내일이면 죽으리라.
로버트 헤릭, "소녀들이여, 시간을 아끼라"

어제 우리에게 신조의 역할을 했던 것 가운데
오늘 우리에게 우화가 된 것이 얼마나 많은가?
미셸 드 몽테뉴, 『수상록』

시간은 늘 흐르는 시냇물처럼 그 모든 자식을 운반해 가네
꿈이 하루가 열릴 때 죽는 것처럼 그들도 잊힌 채 날아가네.
아이작 와츠, "예부터 도움 되시고"

누구나 장수하길 원하지만 아무도 늙고 싶어 하지 않는다.···
그대 인생의 하루하루를 충실히 살기를 바란다.
조너선 스위프트, 『대화록』

시간은 우리가 가장 원하지만 가장 엉성하게 쓰는 것이다.
윌리엄 펜, 레나페 국가에 보내는 편지

당신은 미룰 수 있어도 시간은 그러지 않을 것이다.
벤저민 프랭클린, 『가난한 리처드의 달력』

에드먼드 버크는 항상 옳았지만 너무 빨리 옳았다.
찰스 제임스 폭스

시간이 흐르면 알게 될 것이다.
제인 오스틴, 『설득』

당신의 마음에 매일이 올해 최고의 날이라고 쓰라.
매일이 최후의 심판날임을 알기 전까지는
아무것도 제대로 배우지 못한 것이다.
랠프 월도 에머슨, 『에세이와 시』

아무것도 미루어서는 안 된다. 기회를 놓치지 말라. 지금 아니면 절대
못한다! 당신은 현재에 살고, 파도가 올 때마다 출범하고, 매 순간 당신의
영원을 찾아야 한다. 어리석은 자는 기회의 섬에 서서 또 다른 땅을
바라보고 있다. 다른 땅은 없다. 이생 또는 이와 같은 생애 밖의
다른 생애는 없다. 좋은 농부가 있는 곳에 좋은 토양이 있다. 다른 어떤
경로를 취하든 인생은 후회의 연속일 것이다. 우리 모두 배들이 그저
좌초당하는 것이 아니라 바람 앞에 순항하는 모습을 보자.
뉘우치고 후회하는 자를 위한 세계는 없다.

헨리 데이비드 소로, 일기

어떤 것의 비용은 즉각적이거나 장기적으로 그것과 교환되는
이른바 인생의 분량이다.

헨리 데이비드 소로, 『월든』

인생은 거꾸로 돌아봐야 이해할 수 있지만, 앞을 내다보며 살아야 한다.

쇠렌 키르케고르, 『1843년 일기』

내가 50살이었을 때 나를 자살 직전까지 몰고 간 것은 어린아이부터
지혜로운 노인까지 모든 사람의 영혼 안에 놓여 있는 단순한 질문이었다.
내가 경험에서 배웠듯이 그 질문이 없다면 삶이 불가능하다.
바로 이것이다. 내가 오늘이나 내일 행하는 일이 어떻게 될 것인가?
나의 인생 전체는 무슨 결과를 낳을 것인가?
다르게 표현하면 이렇다. 나는 왜 사는 것일까? 나는 왜 무슨 일이든
하길 바라고 무슨 일이든 하는 것일까? 또는 이렇게 표현할 수도 있다.
나를 기다리는 불가피한 죽음에 의해서도 멸절되지 않을
내 인생의 의미라는 것이 있는가?

레오 톨스토이, 『참회록』

혹시 내 생애 전체가 정말로 잘못되었다면?

레오 톨스토이, 『이반 일리치의 죽음』

나는 기억에 의존해 쓸 수밖에 없다.
나는 결코 삶을 직접 글로 옮기지 않는다.
소재는 내 기억의 체를 통과해야만 하고,
그러면 오직 중요한 것만…남는다.

안톤 체호프, 편집자에 대한 응답

앨리스: "영원은 얼마나 길지?"
흰 토끼: "때로는 단 1초야."

루이스 캐럴, 『이상한 나라의 앨리스』

미래를 아는 것은 개인의 삶에 바람직하지 않은 만큼이나 인류의 삶에도
바람직하지 않다. 그리고 그런 지식을 얻고자 하는 점성학의 조급함은
순전한 어리석음이다.…사전에 알려진 미래는 어불성설이다.

야코프 부르크하르트, 『역사에 관한 성찰』

각 사람은 독특한 존재인 자신이 세상에 단 한 번 존재할 뿐이고
제2의 기회는 없을 것임을 마음속으로 잘 알고 있다.…
그는 이 사실을 알면서도 양심의 가책처럼 숨긴다. 왜 그럴까?

프리드리히 니체, 『반시대적 고찰』

당신이 현재 살고 있는 이 인생을 당신은 한 번 더 살아야 하고 또한
수없이 살아야 한다. 그 인생에는 새로운 것이 하나도 없을 터이고,
그대의 삶에서 경험한 모든 고통과 모든 기쁨과 생각과 모든 한숨,
그리고 말할 수 없는 크고 작은 모든 일이 당신에게 다시 일어나야 하고,
그것도 똑같은 순서로 연속적으로 일어나야 한다.

프리드리히 니체, 『즐거운 학문』

시간은 위대한 선생이지만 불행하게도 그 학생들을 모두 죽인다.

엑토르 베를리오즈

∞

시간은
기다리는 이들에게는 너무 느리고
두려워하는 이들에게는 너무 빠르고
슬퍼하는 이들에게는 너무 길고
기뻐하는 이들에게는 너무 짧으나
사랑하는 이들에게는
그렇지 않다오.

헨리 반 다이크, 『음악과 기타 시들』

오늘은 내일 죽을 것이다. 시간은 어느 누구의 유혹에도
몸을 굽히지 않는다.

찰스 스윈번, "프로세르피나의 정원"

나는 원칙상 항상 늦다.
내 원칙은 바로 시간 엄수는 시간의 도둑이라는 것이기 때문이다.

오스카 와일드

당신이 정말로, 완전하게, 충만하게 사는 것은 몇 년밖에 되지 않는다.…
시간은 당신을 질투하고, 백합과 장미처럼 아름다운 당신의 미모와
싸운다. 당신은 창백해지고 뺨이 우묵해지고 눈이 침침해질 것이다.…
당신 안에 있는 멋진 인생을 살라! 당신의 것을 하나도 잃지 말라.
항상 새로운 감흥을 찾으라. 어떤 것도 두려워하지 말라.…
새로운 쾌락주의, 이것이 우리 세기가 원하는 바다.

오스카 와일드, 『도리언 그레이의 초상』

삶을 즐겨라. 장차 죽은 상태로 있을 시간은 충분하다.

한스 크리스티안 안데르센의 글로 추정

오랫동안 사물을 관찰하는 일은 너를 원숙하게 하고
너에게 더 깊은 의미를 제공할 것이다.

빈센트 반 고흐, 동생 테오에게 보낸 편지

모두가 꿈을 꾸지만 똑같이 꾸지는 않는다.
마음의 먼지투성이 구석에서 밤에 꿈꾸는 사람들은
낮에 일어나 그것이 헛된 꿈임을 알게 된다.
그러나 낮에 꿈꾸는 사람들은 위험하다.
그들은 뜬눈으로 이를 실현하려고 행동할 수 있기 때문이다.
T. E. 로렌스,『지혜의 일곱 기둥』

시계는 시간을 살해한다.…시간은 시계가 작은 바퀴로 찰칵찰칵
돌아가는 한 죽어 있다. 시계가 멈출 때에만 시간이 소생한다.
윌리엄 포크너,『소리와 분노』

과거는 결코 죽지 않는다. 과거는 심지어 과거가 아니다.
윌리엄 포크너,『어느 수녀를 위한 진혼곡』

과거는 낯선 나라다. 거기서는 일이 다르게 처리된다.
L. P. 하틀리,『사랑의 메신저』

시간은 치명적 향수를 발산하는 악이자 죽을 질병이다.
시간의 경과는 사람의 마음을 절망으로 치고
그의 시선을 슬픔으로 채운다.
니콜라이 베르댜예프,『고독과 사회』

내가 산 인생은 얼마나 멋졌는가!
그것을 좀더 일찍 깨달았더라면.
시도니-가브리엘 콜레트

진보주의라는 낡은 교리의 오류는 선험적으로 사람이 더 나은 방향으로
진보한다고 주장하는 데 있다.
오르테가 이 가세트,『구조로서의 역사』

나는 과거에나 현재에나 인생이 덧없고 한계가 있으며 짧다는 것을 뼈저리게 인식하고 있다. 아침에 일어날 때마다 내가 살아 있음에 놀란다. 잠들 때마다 과연 깰 수 있을지 궁금해한다. 죽음은 내게 현실이었다. 하지만 내가 만나고 목격한 모든 사람은 그것을 인식하지 않는 듯 보였다. 그들은 마치 영원히 살 것처럼 사는 듯이 보였다. 그렇지 않다면 어떻게 그들이 노트에 숫자를 적고, 돈을 벌기 위해 사무실에 가고 또 사무실에 가고 또 사무실에 가는 데 40년을 보낼 수 있겠는가? 나는 중산모를 볼 때마다 그 아래의 두개골을 볼 수 있었다.…나는 대양 위를 떠도는 작은 배이고, 그 대양은 죽음이라는 느낌에 사로잡혀 있었다.

로널드 던컨, 『모든 사람은 섬이다』

다 자란 후 모든 신들이 죽었고, 모든 전쟁이 치러졌고, 사람에 대한 모든 믿음이 흔들렸음을 발견했던 새로운 세대가 여기 있었노라.

F. 스콧 피츠제럴드, 『낙원의 이편』

이제 그 사람은 나보다 약간 앞서 이 낯선 세계를 떠났다. 아무런 의미도 없다. 물리학을 믿는 우리 같은 사람들은 과거와 현재와 미래의 구별이 고집스럽고 끈질긴 환상에 불과하다는 것을 안다.

알베르트 아인슈타인

당신과 함께 있는 것과 당신과 함께 있지 않는 것이
내가 시간을 측정하는 유일한 방법이다.

호르헤 루이스 보르헤스

인생에는 단순히 그 속도를 높이는 것 이상이 있다.

마하트마 간디

사물들은 현재의 모습 그대로 있기 때문에
사물들은 현재의 모습 그대로 머물지 않을 것이다.

베르톨트 브레히트

미래를 향한 진정한 관대함은 모든 것을 현재에 주는 데 있다.
알베르 카뮈, 『작가수첩 1』

유일한 자유는 스스로 죽음과 올바른 관계를 맺는 것이다. 그런 후에는 모든 것이 가능하다. 나는 당신이 신을 믿도록 강요할 수 없다. 신을 믿는다는 것은 죽음을 받아들이는 것에 해당한다. 당신이 죽음을 받아들일 때 신의 문제가 해결될 것이다. 그 역은 성립하지 않는다.
알베르 카뮈, 『작가수첩 2의 여백』

시간은 "현실의 하찮고 피상적인 특징이다.…
시간의 하찮음을 깨닫는 것이 지혜의 문이다."
버트런드 러셀, 『외부 세계에 대한 우리의 지식』

내가 날들을 센다고 생각하는가? 남은 것은 단 하루뿐,
언제나 새로 시작한다. 하루는 새벽에 주어졌다가 황혼에 떠난다.
장-폴 사르트르, 『악마와 선한 신』

가능한 한 자주, 정말 아름다운 포도주 병이 앞에 있을 때, 나는 내 몸이 원하는 것보다 더 많이 마셨다는 것을 알면서도 마실 수 있는 만큼 실컷 마신다. 그것은 탐식이다. 그러나 나는 이렇게 생각한다. 언제 다시 내 혀로 이런 맛을 볼 수 있을까? 세상의 다른 어디에, 바로 이 크리스털 컵에, 바로 이 온도에, 바로 이 향을 풍기는, 바로 이와 같은 포도주가 있을까? 그리고 내가 언제 다시 바로 이 순간처럼 바다 위 푸른 언덕에, 또는 이처럼 희미한 불빛 아래 속삭이는 소리가 들리고 풍성한 냄새로 가득한 음식점에, 또는 부둣가의 어부용 카페에 앉아서 이 포도주에 대해 생생하게 살아 있을 수 있을까?
M. F. K. 피셔, 『미식가를 위한 알파벳』

나는 예술에 과거나 미래가 없다고 본다. 항상 현재에 살 수 없는 예술 작품이라면 전혀 고려할 필요도 없다. 다른 시대에 살았던 그리스인, 이집트인, 위대한 화가들의 예술은 과거의 예술이 아니고, 어쩌면 과거의 어느 때보다 오늘 더 살아 있는 것 같다.

파블로 피카소

뉴욕, 파리, 런던에서는 죽음이란 단어가 선언되지 않는다. 그것은 입술을 태우기 때문이다.

옥타비오 파스, 1950년대 시인

우리 문명의 개혁은 시간에 관한 성찰로 시작되어야 한다고 믿는다.

옥타비오 파스, 『인도에 비추어』

"그 일이 내 때에는 일어나지 않기를 바랍니다"라고 프로도가 말했다. "나도 그렇다네" 하고 간달프가 말했다. "그런 때를 보는 사람은 모두 그렇지. 그러나 그건 그들이 결정할 문제가 아니라네. 우리의 몫은 우리에게 주어진 시간으로 무엇을 할지 결정하는 것뿐이지."

J. R. R. 톨킨, 『반지의 제왕: 반지 원정대』

미래는 누구나 한 시간에 60분의 속력으로 도달하는 어떤 것이고, 그가 무슨 일을 하거나 누구인지와는 상관이 없다.

C. S. 루이스, 『스크루테이프의 편지』

모든 기록은 파괴되거나 왜곡되었고, 모든 책은 다시 쓰였고, 모든 그림은 다시 그려졌고, 모든 동상과 거리의 건물은 새로운 이름이 붙여졌고, 모든 날짜는 변경되었다. 그리고 그 작업은 매일 매분 계속되고 있다. 역사가 멈추었다. 지금은 당(黨)이 언제나 옳은, 끝없는 현재만이 존재할 뿐이다.

조지 오웰, 『1984』

이미 두 번째 인생을 살고 있는 것처럼 살라. 그리고 당신이 지금 하려는
행동이 첫 번째 인생에서 잘못했던 바로 그 행동이라고 생각하라.
빅터 프랭클,『죽음의 수용소에서』

우리가 우리의 구원을 이뤄 낼 미래의 시간은 결코 없다.
그 도전은 이 순간에 있고, 시간은 언제나 현재일 뿐이다.
제임스 볼드윈,『아무도 내 이름을 모른다』

시간의 궁극적 의미를 알려면 특별한 의식이 필요하다. 우리는 시간 안에
살고 있고 시간과 동일시될 정도로 너무 가까이 있어서 시간을 알아채지
못한다. 공간의 세계가 우리 존재를 둘러싸고 있다. 그것은 삶의 일부일
뿐이고, 나머지는 시간이다. 사물들은 해변이고, 항해는 시간 안에 있다.
랍비 아브라함 요수아 헤셀,『안식』

네가 너의 장미를 위해 보낸 시간이
그 장미를 그토록 중요하게 만드는 거야.
앙투안 드 생텍쥐페리,『어린 왕자』

그 자체 내에서 그 자체의 실현을 추구하는 자아는 그 자체를 파괴한다.
라인홀드 니버,『신앙과 역사』

과거는 우리에게 유익하지 않다. 미래는 불안으로 가득 차 있다.
여기 지금, 오직 현재만 실존한다. 오늘을 붙잡아라.…
시간, 순간, 찰나를 꼭 붙잡아라.
솔 벨로,『오늘을 잡아라』

어쩌다 이렇게 금세 늦었지? 오후도 되기 전에 밤이야.
6월이 되기 전에 12월이 왔어. 아니 세상에, 시간이 날아가 버렸잖아.
어쩌다 이렇게 금세 이렇게 늦어졌지?
닥터 수스

공상과학 소설의 기능은 미래를 묘사하는 게 아니라 미래를 막는 것이다.
레이 브래드버리, 오웰의 『1984』에 대한 논평

장수(長壽)는 모두에게 매력적으로 여겨지지만 늙음에 대해서는 아무도 매력을 느끼지 못한다는 것은 역설이다.
앤디 루니

우리는 과거가 현재에 들어맞지 않는다고 과거를 지울 수 없으며 지우려고 해서도 안 된다.
골다 메이어, 『나의 생애』

매 순간을 의심하라. 매 순간은 가져오는 것보다 더 많은 것을 갖고 살금살금 걸어 나가는 도둑이기 때문이다.
존 업다이크, 『그 달은 일요일뿐이었다』

우리는 모두 타고난 역사가들인 반면 우리는 자진해서 과학자가 될 뿐이다.
존 루카치, 『기억된 과거』

지금의 삶이 지닌 가장 슬픈 측면은 사회가 지혜를 모으는 것보다 과학이 지식을 더 많이 모은다는 것이다.
아이작 아시모프

여기서 우리는 이 순간의 황색 신호에 갇혀 있다. 이유는 없다.
커트 보니것, 『제5도살장』

모든 사진은 죽음을 기억하라는 상징이다. 사진을 찍는 것은 또 다른 사람(또는 사물)의 죽을 운명, 취약성, 변하기 쉬움에 참여하는 것이다. 모든 사진은 그의 순간을 잘라 내어 동결시킴으로써 시간의 가차 없는 용해를 입증하고 있다.
수전 손택, 『사진에 관하여』

나는 당신이 의식의 어떤 상태, 곧 당신이 아무것도 인식하지 않는
상태에 이를 수 있다고 생각한다.…당신은 그냥 존재할 뿐이다.
가장 행복한 사람들은 한 주 동안 다른 누구보다도
더 많이 존재하는 이들이다.

존 레넌, 1969년의 인터뷰

당신은 스스로를 가치 있게 여겨야 당신의 시간을 가치 있게 여길 수
있다. 당신이 당신의 시간을 가치 있게 여기지 않으면 그 시간으로
아무것도 하지 않을 것이다.

스캇 펙, 『아직도 가야 할 길』

어제는 갔다. 내일은 아직 오지 않았다.
우리에게는 오늘밖에 없다. 이제 시작하자.

마더 테레사의 글로 추정됨

우리는 나이가 들수록 더 나아지곤 했다.

존 매켄로

우리는 시계를 따라 자랐고, 시계를 존중하고 흠모하도록 배우며 자랐다.
우리는 시계를 따라 산다. 당신은 시계를 따라 출근 카드를 찍는다.
당신은 시계를 따라 퇴근 카드를 찍는다. 당신은 시계를 따라 귀가한다.
당신은 시계를 따라 먹고, 시계를 따라 마시고, 시계를 따라 잠을 자고…
당신 생애의 40년을 그렇게 하다가 은퇴하면,
그들은 당신에게 무엇을 주는가? 빌어먹을 시계다!

데이브 앨런, 아일랜드의 코미디언

100살까지 살고 싶게 만드는 그 모든 것을 포기한다면
당신은 100살까지 살 수 있다.

우디 앨런

만일 인생을 위한 첫 번째 예행연습이 인생 그 자체라면 인생은
얼마만큼의 가치가 있을까?…만일 우리에게 단 한 번의 인생밖에 없다면,
차라리 아예 살지 않은 편이 나을지도 모른다.
밀란 쿤데라,『참을 수 없는 존재의 가벼움』

미래는 오늘 시작하지 내일 시작하지 않는다.
교황 요한 바오로 2세

버진 그룹이 이룬 대다수의 성공은 낙관주의에 자극받은
카르페 디엠 순간들 덕분일 것이다.
리처드 브랜슨, 2014년 트윗

항상 타이밍이 문제다. 너무 이르면 아무도 이해하지 못한다.
너무 늦으면 모두가 잊는다.
애나 윈터,「보그」편집인

그 자체의 지식을 조롱하는 문명보다 더 경멸할 만한 것이 있을까?
존 랠스턴 솔,『무의식적인 문명』

오늘날 "성공적으로 나이 드는 법"에 대해 호들갑 떠는 책이 끝없이 쏟아져
나오는 것은 테크놀로지와 젊음에 미친 21세기의 세계가 나이 든다는
생각 자체를 거부하기 때문이다. 키케로는 이런 메시지를 전했다.
꼭 그래야겠다면 거부하라, 그러나 나이 드는 것은 당신에게 많은 유익을
줄 것이다. 사라져 가는 빛에 대해 분노하는 것은 매우 낭만적으로
들릴 수 있지만, 그것은 중력에 대해 분노하는 것 정도만 쓸모 있을 뿐이다.
피터 존스,『메멘토 모리』

DOM
그리고 CJ에게
사랑, 존경, 열렬한 자부심과
강한 소망을 담아

차례

서론 한 번뿐인 인생, 어떻게 살 것인가? *27*

1. 유일한, 의미심장한, 특별한 *39*

2. 빠른 자만 살아남는다 *91*

3. 시간의 은밀한 독재 *105*

4. 오늘을 붙잡는 방법 *123*

5. 선지자적 반시대성 *143*

6. 끝은 끝이 아니다 *183*

결론 생명을 선택하라 *205*

주 *212* | 이름 찾아보기 *219* | 주제 찾아보기 *222*

서론
한 번뿐인 인생, 어떻게 살 것인가?

내가 종종 하던 이야기인데, 유로스타 열차를 타고 브뤼셀에서 런던으로 돌아오던 중이었다. 열차는 세인트팽크라스 역으로 접근하면서 선로 곁에 있는 빅토리아풍 폐건물들을 지나갔다. 많은 건물이 온갖 낙서, 슬로건, 창의의 상징물 등으로 지저분하게 뒤덮여 있었다. 그런데 열차가 역에 진입하면서 속도를 줄이자 어느 벽에 적힌 또렷한 메시지 하나가 눈에 띄었다.

인생은 한 번뿐이야, 영원하지 않아.
그러니 신나게 살아. 단숨에 들이켜.
웃어넘겨. 진하게 살아.
인생을 가져갈 순 없어. 인생은 한 번뿐이야.

물론 이 말은 덧없는 욜로 철학(YOLO, "You Only Live Once")의 요약판이다. 이는 에피쿠로스의 유명한 금언—"내일이면 죽을 테니 먹고 마시고 즐거워하라"—의 대중판으로 많은 대학 캠퍼스를 잠시 휩쓸었다. 그러나 그것이 에피쿠로스 철학의 왜곡이라는 사실은 차치하더라도, 욜로의 신봉자 가운데 날카로운 반전이 있는 그 철학을 탄생시킨 본래 어구를 알고 있는 사람은 별로 없을 것이다. "인생은 한 번뿐이다. **만일 그렇다면…**"

이 욜로 철학의 투박한 버전과 오늘날의 열광적인 목적 추구 현상—책, 세미나, 대회, 인생 코칭, 슬로건 등—은 중요한 의문을 제기한다. 이는 우리가 인생의 의미를 어떻게 생각하는지, 그리고 어떻게 인생을 최대한 선용하는지에 대해 무엇을 말해 주는가? 우리가 처음 세계를 의식했던 유아 시절부터 잠에서 깨어나 새로운 날을 맞이하고 보고 듣고 만지는 바깥 세계를 만나는 매일 아침마다, 우리는 항상 그리고 유일하게 우리 인생의 한가운데 있으며 따라서 존재의 한가운데 있다고 생각한다. 그러므로 그런 관점이 어떻게 환상을 수반하는지 깨달으면 근본이 흔들리는 듯한 충격을 받을 것이다.

한마디로 우리는 존재의 한가운데 있지 않다. 우리는 항상 여기에 있지는 않을 것이고, 우주는 마치 우리가 여기에 존재한 적도 없었던 것처럼 우리 없이도 계속될 것이다. 우리가 여기에 존재하는 동안에도 대다수는 우리에 관해 들어 본 적이 없고, 너무도 순식간에 우리는 여기에 존재하지도 않았던 것처럼 되고 말 것이다. 극소수만 제외하고는, 지구의 기억 속에서 우리의 흔적이 사라질 날이 올 것이다.

따라서 우리가 자신의 중요성을 대단치 않게 여기든 혹은 과도하게 인식하든, 우리는 그리스인이 말하는 한갓 "죽을 인간"에 불과하다. 어느 로마인의 묘비명을 빌려 말하면 "내가 그렇듯이 당신도 그렇고 모두가 그렇다." 또는 성경이 말하듯이 "너는 흙이니 흙으로 돌아갈 것이니라"(창 3:19). 우리 인생은 세 개의 단어로 묘사될 수 있다. **죽을 인생, 덧없는 인생, 깨지기 쉬운 인생**. 우리 인생이 깨지기 쉬운 이유는 우리가 죽음에서 떨어져 살아 있음을 보여 주는 것이 한 줄기 숨결일 뿐이며, 언젠가 우리 모두는 최후의 한 숨으로 인생을 마감할 것이기 때문이다. 셰익스피어(Shakespeare)의 『리어왕』(King Lear) 공연을 본 적이 있다면, 자기 팔에 죽은 딸 코델리어를 안고 있는 늙은 왕의 비통함, 약간의 입김이라도 있는가 싶어서 딸의 입술에 거울을 대는 그 모습을 도무지 잊을 수 없을 것이다. "개와 말과 쥐는 생명이 있는데, 어째서 너는 숨결이 전혀 없는가?"[1]

단 한 번의 숨결? 그리고 유한한 날에 속한 유한한 숨을 모두 헤아릴 수 있을까? 인생의 덧없음을 생각하면 현기증이 나는가? 우리가 "죽기 위해 살도록 태어났다"는 진실을 직면하면 밀란 쿤데라(Milan Kundera)가 말한 "참을 수 없는 존재의 가벼움"을 느끼게 되는가? 우리도 전도서 기자처럼 "헛되고 헛되니 모든 것이 헛되도다!"(전 1:2)라고 결론지어야 할까? 인생은 너무나 짧은데다가 충분하게 살 수 있는 만큼 쉽게 낭비될 수도 있다면 결국 어떻게 되는 것일까? 쏜살같은 세월을 어떻게 잘 활용할까? **일순간에 불과한 인생**은 삶, 의미, 목적, 정체성, 진리에 대한 이해, 그리고 옳고 그름 같은 개념에 대해 무엇을 말하는가? 그런 인생은 이 모든 것의 배후에 있는 것을 우리가 어떻게 이해해야 하는지에 대해서와 우주, 시간, 역사, 실재, 그리고 하나님, 신들, 또는 무(無)의 존재 여부 등을 바라보는 우리의 관점에 대해 뭐라고 말하는가? 그리고 우리가 "검토된 삶", "살 만한 가치가 있는 삶"이라는 이상을 어떻게 이해해야 하며, 짧은 인생을 어떻게 살아야 하는지에 대해 뭐라고 말하는가?

오늘날 흔히 말하듯이, 우리의 짧은 인생이 "묘비에 적힌 두 날짜 사이의 줄표(-)"에 불과하다면, 그 짧은 줄표에 의미를 부여할 만한 희망이 있는가? 아무도 장담할 수 없는 진리들이 있다. 우리는 제각기 홀로 그 진리들을 직면해야 한다. 우리의 죽을 운명도 그중 하나다. 가만히 서서, 톨스토이(Tolstoy)가 자문했듯 "나의 인생 전체는 무슨 결과를 낳을 것인가?…나를 기다리는 불가피한 죽음에 의해서도 멸절되지 않을 내 인생의 의미라는 것이 있는가?"[2]라고 스스로에게 묻는 일은 얼마나 도전적인가? 그리고 인생이 끝날 무렵 톨스토이가 그린 이반 일리치처럼 "혹시 내 생애 전체가 정말로 잘못되었다면?"[3]이라고 말해야 한다면 얼마나 끔찍할까?

요컨대, 우리 인간이 직면하는 도전은 땅 위에서의 시간을 최대한 활용하는 것과 그렇게 하는 방법을 아는 것이다. 시간과 공간은 우리의 짧은 인생이 몸담은 현실의 기본 요소라는 점에서는 같지만, 둘은 서로 다르다. 알렉산드로스 대왕이 디오게네스에게 그를 위해 해 줄 수 있는 일이 있는지 물었을 때, 이 완고한 늙은 철학자가 "내 빛을 가리지 말고 비키시오!"라고 대답했던 유명한 일화가 있다. 우리는 어느 공간을 점유해서 타인의 접근을 막을 수 있지만, 아무도 시간을 독점할 수는 없다. 시간은 우리의 "공유지", 즉 어느 순간에든 살아 있는 모두에게 열린 공유의 땅이다.

더 중요한 점은, 인간은 공간을 정복할 수 있다. 우리는 쉽게 또 일상적으로 불도저, 크레인, 스마트폰, 비행기, 테크놀로지의 모든 빛나는 업적들을 동원해 공간을 정복한다. 반면 시간은 정복할 수 없다. 시간은 공간처럼 우리 앞에 가만히 놓여 있지 않다. 시간은 우리 둘레와 우리 안에 있고 결코 고정될 수 없기 때문이다. 시간은 앞을 향해 한 방향으로만 움직여 나아가며 멈출 수 없다. 철학자이자 랍비인 아브라함 요수아 헤셸(Abraham Joshua Heschel)에 따르면, "사람은 공간을 초월하고, 시간은 사람을 초월한다."[4]

또 하나 중요한 점은, 물리적 공간의 세계를 정복하는 일은 상대적으로 쉽지만 이것이 항상 시간을 대가로 삼는다는 치명적인 사실은 감추어져 있다는 것이다. 엄지손가락이나 돌리며 아무 것도 하지 않아도 우리는 시간을 소비하고 있고, 열심히 활동해도 이 문제는 해결되지 않는다. 우리는 정치적으로나 상업적으로 "더욱더 큰 창고"나 "더욱더 큰 제국"을 지을 수 있지만, 인생이 끝나는 낮이나 밤은 언제나 오기 마련이다. 이는 나사렛 예수가 경고했듯이 "[하나님이] 네 영혼을 도로 찾는"(눅 12:20) 날이다. 따라서 우리가 무슨 일에든 쓴 시간은 우리의 이득 또는 손실, 노력의 가치를 평가하는 데 필요한 열쇠이며 실질적 비용이다. 아무리 손쉬운 성취라도 우리는 항상 우리 인생의 가장 큰 도전이자 가장 불가해한 신비인 시간을 그 비용으로 지불한다. 예수님은 또한 "사람이 만일 온 천하를 얻고도 자기 목숨을 잃으면 무엇이 유익하리요?"(막 8:36)라고 선언하셨다.

오늘날 전 세계의 백만장자, 억만장자, 곧 등장할 조만장자를 보라. 그들은 재력이나 기술이나 정치권력의 면에서는 거인일지 몰라도, 시간과 마주하면 우리와 다름없는 작은 사람이자 죽을 인간일 뿐이다. 그들이 어떤 장래 계획과 꿈을 갖고 있든지, 어떤 의도와 해결책이 있든지, 어떤 에너지와 자원을 갖고 있든지 간에, 우리와 똑같이 죽음이 마지막에 그들을 기다리고 있다. 그러므로 생명 연장의 꿈을 꾸는 이들이 아무리 간절하게 소망하더라도 죽음이야말로 인류 "최후의 적"임이 틀림없다. 영웅이든 악당이든, 성인이든 죄인이든, 유명인이든 무명인이든 우리 모두는 결국 죽는다. 모든 인생은 시간에 매여 있다. 예전에도 그랬고 앞으로도 그럴 것이다. 우리의 기본 조건은 소설가이자 시인인 토머스 하디(Thomas Hardy)의 말대로 "시간으로 찢긴"(time-torn)[5] 상태다.

하지만 시간의 도전은 우리 현대인에게 한층 더 강렬하다. 잘 알려져 있듯 카를 마르크스(Karl Marx)는 산업혁명 당시 노동자들을 "임금 노예"로 묘사했는데, 죽음에 대한 생각과는 별개로 현대 세계에 몸담은 우리는 일부가 "임금 노예"와 "빚의 노예"인 만큼 상당수가 "시간의 노예"임을 잘 알고 있다. 진보한 현대의 즉각적인 세계 속에서 우리의 인생은 공허해지고 있다. 그리고 모든 것이 더욱 "효율적"으로 만들어지듯이 삶의 속도도 더욱 빨라질 것을 인식하라는 압력을 받는다. 그러면 지금 우리가 너무 느리고 비효율적으로 살고 있다는 뜻인가? 우리는 과거 어느 때보다 더 시간을 통제하지 못하고 그야말로 시간의 노예가 되었다. 우리는 전례 없을 정도의 스트레스에 시달리며 아무리 뛰고 또 뛰어도 따라잡지 못한다. [우리 대다수는 소위 "삼중 화면 응시자"(triple screen-gazer)이며 스마트폰을 하루에 100번 넘게 확인하는데, 이는 늘 주의가 분산되어 있고 항상 뒤처졌다고 느끼는 상태를 보여 주는 단면이다.]

그런데 우리는 "극심한 생존 경쟁"에 대해 좌절과 불평을 토로하면서도 그 배후에 있는 것이나 그에 대처할 수 있는 방법에 대해서는 깊이 생각하지 않는다. 그러면 우리는 효율성 전문가들,

가짜 해답으로 밝혀질 새로운 유행, 문제를 더욱 악화시키는 것들에 더욱 취약해진다. 그리고 우리가 인정하고 싶지 않은 어떤 생각이 뇌리에서 떠나지 않는다. 즉, 우리의 기술이 우리를 시간의 노예로 만들었다면 그건 우리 자신이 한 일이라는 생각이다.

그러면 우리는 오늘날 시간의 도전에 대해 어떻게 생각해야 하며, 현대의 **빠른 생활**의 압력 아래 어떻게 보다 자유롭게 살 수 있을까? 시간에 매이고 시간으로 찢긴 상태를 피할 길은 없다. 이는 인간 존재의 본질이기 때문이다. 그렇지만 지금 여기에 시간의 노예라는 악몽에 대한 해답, 그래서 시간을 바라보고 인생을 최대한 선용할 길은 있는가?

"그냥 하라"에서 "그냥 사라"로

철학자 로먼 크르즈나릭(Roman Krznaric)의 베스트셀러 『인생은 짧다 카르페 디엠』(*Carpe Diem Regained*, 더퀘스트)은 현대의 딜레마를 뛰어나게 포착하는데, 이 책의 제목(*Carpe Diem Redeemed*)은 일부러 그 제목을 변형한 것이다.[6] 그는 로마 시인 호라티우스의 송시 11에 나오는 유명한 금언인 카르페 디엠, 곧 "오늘을 붙잡아라"의 현 상태를 탐구하려고 한다. 크르즈나릭은 그 모토가 오늘날 가장 대중적인 인기를 누린다고 보며, 이로부터 시간에 대한 다섯 가지 접근법을 제시한다. 곧 기회를 포착하기, 즐거움을 찾아가기, 현재를 연습하기, 즉흥성을 개발하기, 특정 방식의 정치를 추구하기다. 저명한 영국 배우 주디 덴치(Judi Dench)는 81세 생일에 이 모토를 손목에 문신으로 새겼고, 할리우드는 영화 〈죽은 시인의 사회〉(Dead Poets Society)에서 이 철학을 탁월하게 포착했다. 어느 뉴잉글랜드 학교의 교사 역을 맡은 로빈 윌리엄스(Robin Williams)는 시(詩) 수업에서 학생들에게 이렇게 권면했다. "여러분, 우리는 벌레의 먹이다. 믿든 말든 이 방에 있는 우리는 예외 없이 숨쉬기를 그칠 터이고 늙어서 죽을 것이기 때문이다.…[그러므로] 카르페 디엠. 제군들이여, 오늘을 붙잡아라. 여러분의 인생을 비범하게 만들어라."7

동시에 크르즈나릭은 인생을 놓치지 않으려는 뜨거운 열망이 왜곡과 짝퉁의 거대한 물결에 휩쓸려 경로를 벗어났다고 주장한다. 오늘을 붙잡는 것, 현재를 최대한 선용하는 것, 매 순간을 충만하게 사는 것이 납치되는 바람에 소비주의, 쾌락주의, 일중독, 마음 챙김(mindfulness), 무책임 같은 그릇된 목표로 바뀌고 말았다. 그는 나이키의 "그냥 하라"(Just do it)는 모토도 "그냥 사라", "그냥 계획하라", "그냥 보라"와 같이 변형되었다고 한다.

크르즈나릭의 책은 동시대인이 시간에 대한 현대 세계의 다양한 관점을 조망하는 멋진 여행이다. 이는 오늘날 시간을 다루는 방식의 온갖 어리석음과 함정에 탐조등을 비추며, 그만큼 "선한 삶"과 "검토된 삶"을 살라는 도전을 준다. 하지만 오늘날의 많은 사상가들이 그렇듯 몇 가지만 선정하여 다루기 때문에 한때 서구 세계를 형성한 가장 급진적 관점, 오늘날 진보한 현대 세계에서도 폭풍우 속의 등대처럼 빛나는 그 관점을 간과한다. 바로 히브리인과 그리스도인의 성경이 말하는 독특한 관점 말이다. 그는 자신이 그 관점을 일부러 빠뜨렸으며, 자신의 근시안적 안목도 스스로 유도한 것이라고 인정한다. "나는 성경이나 별들, 또는 우리의 DNA에 쓰인 궁극적인 삶의 의미가 있다고 믿지 않는다. 만일 우리가 의미를 추구한다면 우리는 스스로 그것을 창조할 수 있고 창조해야 한다."[8]

우리 스스로 의미를 창조한다고? 어깨 위에 세계를 짊어졌던 그리스의 거인 아틀라스에 대한 위대한 영국 철학자 버트런드 러셀(Bertrand Russell)의 견해처럼, 크르즈나릭은 우주 또는 "저 바깥"에 "내재한" 삶의 의미가 있다고 믿지 않는 것이다. 누구든지 오늘날 의미를 찾고 싶으면 스스로 창조해서 스스로 짊어져야 할 것이다. 그 밖의 다른 것은 생각할 수도 없다. 따라서 무신론자나 불가지론자가 시간과 삶의 의미를 추구한다면, 그것은 기껏해야 DIY 가구를 만들듯 스스로 만들어 내려는 노력에 불과하다.

그런데 이런 세속주의적 시간관은 중요하고 널리 인정받는 답이긴 해도, 세계의 많은 답변들 가운데는 하나, 그것도 소수파의 답에 불과하다. 하지만 시간과 같이 심오한 주제에 관한 한, 우리는 모든 답을 고려할 필요가 있으며 어느 것도 자명하다고 주장하면 안 되고, 저명한 철학자나 베스트셀러 작가가 말한다고 해서 무턱대고 믿고 받아들여서도 안 된다. 항상 그렇듯이, 서로 대조하면 명료해지고, 답변들 간의 차이점은 개인뿐 아니라 사회와 문명 전체를 위한 차이를 만든다.

이 책은 크르즈나릭이 간과한 아주 다른 답, 즉 성경이 주는 답변의 윤곽을 그려 보려고 한다. 불행히도, 이 유대교-기독교적 관점은 과거에는 서구에서 대체로 맹목적으로 받아들여졌고, 현재는 서구에서 대체로 맹목적으로 배척되고 있다. 나는 과거의 태도와 달리 특별 대우를 요청하는 것이 아니고, 현재의 태도와 달리 우리 개개인과 인류의 장래를 위해 독특하고 급진적이며 지극히 중요한 이 견해를 그저 공평하게 들어 달라고 요청할 뿐이다. 시간과 역사에 대한 현명한 이해와 긍정적 반응이 우리의 일상생활 못지않게 인류의 상태에도 중요하다는 것은 아무도 부인할 수 없을 것이다.

카르페 디엠, "오늘을 잡으라", 또는 인생을 최대한 선용하라는 것은 참으로 훌륭한 이상이다. 그렇지만 어떻게 성취해야 할까? 이를 하나의 구호나 대학생의 포스터에나 어울릴 만한 상투적 문구 이상의 것으로 만들려면 어떻게 해야 할까? 세 개의 뻔한 함정―이기적으로 또는 단기적으로 오늘을 붙잡는 것, 또는 무작위로 살아가는 즉흥성을 기르는 것―에 빠지지 않으려면 어떻게 해야 할까? 그리고 현대의 빠른 생활이 끊임없이 가하는 압력 아래 어떻게 그렇게 할 수 있을까? 과학은 그 본질상 사물에 대해 설명할 수는 있으나, 우리에게 필요한 의미는 줄 수 없다. 3천 년간 이어져 온 철학은 우리의 사유를 날카롭게 해 주었으나 견고한 답변들로 인도하는 데는 역부족이었다. 오늘날의 회의주의와 깊은 사유를 거부하는 풍조에도 불구하고, 오랜 세월의 지혜는 여전히 우리가 궁극적 믿음을 바라보아야 한다는 진리를 견지한다.

내가 이 책에서 주장하는 것은 앞을 열어 주는 단순하고 곧고 확실한 길이다. 오늘을 붙잡는 것과 인생을 최대한 선용하는 것은 불가능성이나 부조리함에 직면할 때 과시할 수 있는 것이 아니다. 이상이란 그것을 성취할 만한 인생관을 요구하는 법이다. 나는 그런 인생관은 시간과 역사, 인간의 중요성과 거대한 계획 등의 깊은 의미를 제대로 다루는 어떤 궁극적 믿음, 신앙, 관계, 신뢰 안에서 가장 잘 찾을 수 있다고 주장할 것이다.

요컨대 오늘을 붙잡는 것, 인생을 최대한 선용하는 것, 삶의 의미를 깨닫는 것은 분리할 수 없다. 셋 모두를 이루려면 충족해야 할 요건이 있다. 우리가 시간을 제대로 다루려면 시간의 창조자와 시간의 의미를 알아야 하고, 그 창조자가 그의 장대한 이야기 속에서 우리에게 준 역할을 알아야 하는데, 그 이야기를 통해서만 시간과 역사 전체의 심오한 뜻을 깨달을 수 있기 때문이다. 더 놀라운 것은 개인의 소망과 운명을 우주 자체의 목적과 운명에 맞추는 삶을 살도록 우리가 초대받았다는 사실이다.

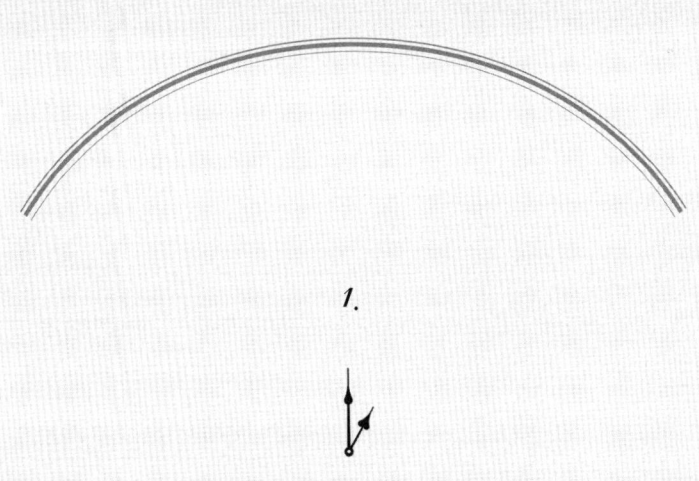

1.

유일한, 의미심장한, 특별한

옛 중국 속담에 "물이 무엇인지 알고 싶다면 물고기에게는 절대로 묻지 마라"는 말이 있다. 러디어드 키플링(Rudyard Kipling)도 "잉글랜드 깃발"(The English Flag)이라는 시에서 이와 유사하게 "잉글랜드만 아는 그들이 잉글랜드에 관해 무엇을 알겠는가?"라고 썼다. 이 두 진술이 공통적으로 말해 주는 것은, 시간의 도전은 우리 인간에게 하나의 신비라는 사실이다. 물에서만 살 수 있는 물고기는 결코 그 유일한 환경인 물을 이해할 수 없을 테고, 해외에 나가 본 적 없는 키플링 세대의 영국인들도 그들의 제국을 이해할 수 없었을 테니 그 최악의 결과에 대해 무지했을 것이다.

이와 마찬가지로, 우리 인간은 시간 속에 푹 잠겨 있어서 결코 시간을 객관적으로 보고 이해할 수 없을 것이다. 시간은 존재의 핵심에 있다. 시간은 우리 둘레와 우리 안에서 모든 것을 감싸는 삶의 매체이므로, 우리에게는 초연한 관점에서 시간을 고찰할 수 있는 반대편 환경이 없다. 사실 시간은 악과 함께 인생에서 가장 큰 신비 중의 하나다. 악이라는 존재는 그 어두움을 침투할 수 없고, 시간이라는 존재는 너무도 가까워서 신비롭다. 시간이 무엇인지는 자명해 보일지 모른다. 말하자면, 우리가 시간을 설명하려 들기 전까지는 그렇게 보인다. 성 아우구스티누스의 기억할 만한 표현이 있다. "그러면 시간이란 무엇인가? 아무도 나에게 묻지 않는다면 나는 알고 있다. 만일 내가 묻는 사람에게 설명하려 한다면, 나는 알지 못한다."[1]

시간이 시작되기 전과 세계가 출범하기 전에는 무엇이 있었을까? "장차 시간이 더 이상 존재하지 않을" 때에는 어떤 상황일까? 시간의 바깥에 있는 것은 어떤 모습일까? 만일 우리가 스스로 그런 질문에 답해야 한다면 답을 알 길이 없다. 이론물리학자 스티븐 호킹(Stephen Hawking)은 그런 질문은 마치 남극에 서서 어느 쪽이 남쪽인지 묻는 것과 같다고 말한 적이 있다. 우리는 시간 안에 있고 시간은 우리 안에 있기 때문에, 시간이 무엇이고 시간 너머에는 무엇이 있는지에 관한 질문은 우리의 시점에서는 대답할 수 없다.

만일 시간의 신비로 인해 당혹스럽다면 당신만 그런 것이 아니다. 한 저명한 20세기 물리학자가 심오하게 들리는 진술을 내놓은 적이 있다. "시간은 모든 일이 다 한꺼번에 발생하는 것을 막는 자연의 방식이다."[2] 그런데 그는 각주에서, 그 인용문이 알베르트 아인슈타인(Albert Einstein)이나 쿠르트 괴델(Kurt Gödel), 또는 어느 철학자나 과학자에게서 따온 것이 아니라 텍사스 오스틴의 어느 카페 화장실에서 본 낙서라고 말했다.

탁월한 분석철학자 루트비히 비트겐슈타인(Ludwig Wittgenstein)

은 자신의 일기 서두에서, 한 시스템의 의미는 그 시스템 밖에 있다고 썼는데, 이는 무엇보다도 인생과 세계, 시간과 역사에 관한 한 진실이다. 이들의 완전한 의미라고 할 만한 것이 정말 있다면 그 안에 있지 않고 그 밖에서 와야 한다. 시간의 신비는 시간 안에서만 생각한다면 언제나 해결할 수 없을 것이다. 하지만 우리가 논의를 시작할 수 있는 이유는 인간이 오랫동안 시간 안에서 시간에 관해 이해하려고 노력해 왔고, 그 서로 다른 그림들이 대비를 이루며 시간을 조명해 주기 때문이다. 거의 모든 인생의 큰 질문들과 마찬가지로 시간에 대해서도 세 개의 주요 종교들이 답변을 내놓았다. 이 철학 또는 종교 들은 각각 궁극적 실재에 대한 개념은 공유하면서도 다른 면에서는 차이가 있어 일종의 신앙의 대가족과 비슷하다. 이런 관점에서 보면, 세 개의 신앙 대가족은 동양 종교, 아브라함의 종교, 세속주의 철학이며, 이들로부터 시간과 역사에 관한 주요하고도 서로 다른 관점이 탄생했다. 바로 **순환적**(cyclical), **언약적**(covenantal), **연대기적**(chronological) 관점이다.

각 신앙 대가족은 인생의 큰 질문들에 대해 지극히 다른 답변을 내놓고, 그들 중 하나는 시간 밖에서 온 견해를 갖고 있다고 주장하나, 셋 모두 시간과 역사라는 동일한 실존적 도전을 있는 그대로 직면함으로써 시작한다. 역사학자 미르체아 엘리아데(Mircea Eliade)의 말을 빌리면, 우리 인간은 모두 동일한 "역사의 공포를 그 임의성과 그 가변성과 그 외견상의 무의미함과 함께"

직면한다.[3] 우리는 이 세계에 태어나 각자 짧은 인생을 부여받지만, 우리 주위의 자연과 세계는 그 자체로 인생의 운율이나 이유를 알려 주지 않는다. 주변을 둘러보면 사물들에 분명한 의미가 없음을 알게 될 것이다. 우리는 아름다움과 깨어짐, 재난과 뜻밖의 행운, 이유 없는 친절만큼이나 이유 없이 잔인한 행동을 모두 보며, 언제나 결말, 결말, 결말만을 목격한다.

    이 또한 지나가리라. 세월은 쏜살같이 흐른다. 영원한 것은 없다. 같은 강물에 두 번 발을 담글 수 없는 것은 강물이 달라지고 당신도 그렇기 때문이다. 인간이 이룩한 아무리 장엄하고 훌륭한 업적이라 할지라도 시간과 파도에 휩쓸려 간 모래성일 뿐이다. 그리고 우리의 작은 사업과 노력은 역사의 바람 속 휘파람에 불과하다. 결국에는 시간의 모래가 우리가 누구이고 무슨 일을 했는지 추적할 수 없도록 모든 것을 덮어 버릴 것이다. 혹은 그렇게 보일 것이다. 만일 그렇다면, 그 모든 것이 무슨 의미가 있을까? 중요하다고 할 만한 것이 과연 있을까? 우리가 여기서 단 한 번 살고 인생도 그토록 짧다면, 도대체 어떻게 살아야 할까?

순환적 시간

첫 번째 관점에 따르면, 인생은 비록 짧지만 우리가 여기서 단 한 번 사는 게 아니다. 이러한 가정에 기초하면 존재에 대한 전혀 다른 그림을 그릴 수 있다. 시간과 역사는 **순환하는** 것이므로 우리는 연속적 환생을 경험하고, 모든 것은 시작한 장소로 돌아오며, 우리가 자유를 얻으려면 **역사라는 난제와 실재라는 환상 모두에서 벗어나** 유동적이고 변화하는 이 세상 너머 불변하는 영역으로 들어가야 한다.

이 순환적 관점은 자연에 대한 관찰에서 나오며, 그 저변에는 시간을 바퀴로 보는 그림이 있다. 이 관점의 매력은 우리 주변의 자연세계에서 유사한 현상을 볼 수 있다는 데 있다. 행성들은 하늘에서 공전하고 사계절은 오고 간다. 봄은 여름으로, 여름은 가을로, 가을은 겨울로 이어지고, 겨울은 다시 봄으로 바뀐다. 이와 마찬가지로 구름은 비로 내리고, 비는 강으로 모든 것을 씻어 가고, 강은 바다로 흐르며, 바다는 증발하여 구름이 되고, 구름은 다시 비로 내리는 등 그 순환이 끝없이 계속된다. 아리스토텔레스는 전형적인 그리스인들이 이해한 대로 순환적 견해를 이렇게 요약했다. "우리가 말했듯이, 생겼다가 사라지는 것은 언제나 계속될 터이고 결코 멈추지 않을 것이다."[4]

어떤 면에서는 우리 인간도 자연의 과정에 종속되어 있으므로 이 순환 그림에 들어맞는 듯 보인다. 모든 동물처럼 우리 역시 계절의 연속이나 변천을 통과한다. 우리는 깨어나고 잠잔다. 우리는 태어나, 자라고, 노쇠하고, 죽는다. 고대의 작가들은 이런 **연령 단계**를 서로 다르게 묘사했다. 대체로는 세 단계(청년기, 성인기,

노년기)가 있었지만, 피타고라스와 호라티우스는 네 단계로, 히포크라테스는 일곱 단계로, 솔론은 열 단계로 각각 나누었다. 영어권에서는 셰익스피어가 나눈 불멸의 일곱 연령대가 가장 유명하다. "처음에는 엄마의 팔에서 울며 버둥거리는 영아기"에서 인생의 다섯 계절을 거쳐 "이 이상하고 파란만장한 역사를 마감하는 마지막 장면 즉 두 번째 유년기로 이도 없고, 시력도 없고, 미각도 없고, 모든 것이 없는 망각의 시기에 이른다."[5]

셰익스피어는 물론 첫 번째 종교가 아니라 두 번째 종교의 입장에서 썼다. 그는 온 우주가 순환적 시간에 따라 움직인다고 믿지 않았다. 오늘날 순환적 시간관을 옹호하는 주된 두 세력은 힌두교도와 불교도이지만, 고대 세계에서는 대다수가 이 관점을 견지했다. 불교는 본질상 힌두교의 개혁 운동이므로 두 종교와 그 생활방식 사이에는 중요한 차이가 있는데, 종교마다 여러 상이한 전통들이 있는 것과 마찬가지다. 그러나 두 종교는 전반적으로 철저히 순환적 시간관을 공유한다. 그들은 우리의 오감이 느끼는 순환의 증거를 공유할 뿐 아니라 순환 개념을 환생이라는 형태로 우주 자체에 투사하기도 한다. 만물은 돌고 돌아 시작한 곳으로 되돌아가며, 이를 동양 종교는 "환생"이라 부르고 프리드리히 니체(Friedrich Nietzsche)는 "영원한 회귀"라 부른다.

이렇게 보면 시간은 끝없이 움직이는 바퀴다. 인생은 이 바퀴에 매인 삶이며, 욕망은 갈망을 낳고 갈망은 집착을 낳고 집착은 죽음을 낳고 죽음은 환생을 낳는 식으로 이어진다. 그러면 윤리는 카르마(*karma*), 곧 우리 각자가 이전 생애에서 행한 일의 문제가 된다. 역사는 제자리에서 돌아가는 바퀴처럼 어디에도 이르지 못하며, 자유(*moksha*, '해탈' 또는 구원)는 그 바퀴로부터의 탈출, 그리고 우리가 실재로 받아들이지만 사실은 환상(*maya*)에 불과한 역사와 세계로부터의 탈출을 통해서만 도달할 수 있다. 순환 안에서 그 순환을 멈추는 방법은 없기 때문에, 자유에 이르는 유일한 길은 그 순환 자체를 벗어나는 것이다. 그래서 힌두교에서는 요가를, 불교에서는 "올바른 마음 챙김(정념)"을 구원의 길로 권유한다.

순환적 시간관이 우리 경험의 큰 부분과 관찰 가능한 많은 자연 현상을 제대로 다루고 있다는 데는 의문의 여지가 없다. 현실을 인식하거나 지혜를 얻기 위해서는 이를 인정해야겠지만, 우리가 그것을 인생 이야기 전체로 삼는다면 무슨 대가를 치르게 될까? 순환적 관점은 인간 존재의 모든 현실을 공평하게 다루며 인간의 중요성과 시간의 도전에 적절한 답을 제공하는가? 그리고 이 관점을 취했을 때 무슨 결과가 따라오는가? 만일 만물이 돌고 돌아 항상 시작한 곳으로 되돌아간다면, 냉혹한 카르마와 운명의 무거운 압박에서 벗어날 길이 있을까? 그리고 만일 모든 것이 돌고 돌아 출발한 곳으로 돌아간다면, 특히 우리가 아는 역사와 세계가 한갓 환상에 불과하다면, 역사 속에서 우리가 취하는 행동은 무슨 의미가 있는가? [아르투어 쇼펜하우어(Arthur Schopenhauer)

는 "역사가 이야기하는 것은 사실상 인류의 길고 무겁고 헷갈리는 꿈일 뿐이다"라고 썼다.]6

그런데 "변화"나 "개혁"의 요청, 또는 진정으로 새로운 무언가를 위해 일하라는 요청은 왜 없을까? 순환적 관점 안에는 "새롭고" "혁명적인" 요소가 왜 없는 것일까? 만일 현존하는 모든 것이 과거에 있었고 미래에 다시 존재할 것이라면, 우리가 어떻게 그런 자연스럽게 강화되는 수동성과 현상 유지에서 탈출할 수 있을까? 만일 만물이 궁극적으로 불변한다면, 만물은 또한 변할 수도 없는 것일까? 우리의 행위들은 지금 여기에서 중요성을 지니는가, 아니면 선불교의 표현대로 인간은 "아무런 잔물결도 일으키지 못하는 연못에 던져진 돌"에 불과한가?

언약적 시간

오늘날 순환적 관점은 주로 동양 종교들과 관련이 있다. 많은 이들이 순환적 시간관은 서구 세계를 형성한 현대의 주류 관점과 다르다는 이유로 소수 관점이라고 생각하는데, 역사의 시점에서 보면 이는 매우 왜곡된 결론이 아닐 수 없다. 순환적 관점은 역사상 많은 시기에 거의 보편적 관점이었고, 이를 계승하거나 기울게 했던 관점들이 무너진다면 원래의 것이 강화된 모습으로 다시 출현할 가능성이 많다. 예컨대, 니체가 하나님을 배격하고 "영원한 회귀"로 선회한 것을 보라. 달리 말하면, 많은 서구인은 시간과 역사를 바라보는 자신들의 관점을 당연시한 나머지 그것이 성경과 유대인을 통해 세상에 처음 나타났을 때 얼마나 급진적으로 독특한 것이었는지 인식하지 못한다.

아브라함의 종교들은 태초의 창조부터 시간과 역사를 매우 다르게 보며, 시종일관 순환적 관점과는 중요한 차이가 있다. 이것은 시스템 **내부**에서 그 시스템을 이해한다고 주장하지 않는 유일한 입장이다. 그러므로 시스템의 참된 의미는 그 시스템 바깥에서 와야 한다는 비트겐슈타인의 주장에 비춰 보면 충분한 자격이 있는 셈이다. 아브라함 종교의 관점은 동양 종교들의 관점(그리고 앞서 살펴본 버트런드 러셀과 로먼 크르즈나릭, 나중에 살펴볼 세속주의 관점)과는 대조적으로, 이 관점이 성찰이 아닌 **계시**의 결과라고 주장한다. 말하자면, 싯다르타나 샹카라와 같은 종교적 천재들이 발견한 결과가 아니라 **바깥에서 온 신적 계시**의 결과라는 뜻이다. 그리고 거기서부터 급격한 차이가 발생한다.

히브리 성경과 기독교 성경에 따르면, 동양 종교들과 바빌론 및 이집트의 주변 문화들과는 아주 다르게 시간과 역사는 순환적일 뿐 아니라 **직선적이고 언약적인** 것으로 인식된다. 이 진리의 배후에는 하나님의 주권적 자유가 있고, 하나님의 형상으로 창조된 인간들 역시 자유롭다는 사실이 놓여 있다. 그들이 지닌 자유는 땅 위의 생명체들 가운데 고귀하고 유일무이하며 측량할 수 없는 것이다. 창조된 자유라는 이 근본 개념에서 많은 함의가 흘러나오지만 그 핵심은 인생의 의미를 완전히 바꾸는 엄청난 진리와 중대한 메시지다. 즉, **시간과 역사에는 의미가 있다. 하나님의 주권과 인간의 중요성이라는 한 쌍의 진리 아래, 시간과 역사는 어디론가 가고 있고, 우리 각자는 본질적으로 유일무이하고 중요한 존재일 뿐 아니라 우리 자신의 삶과 세대, 나아가 전체 역사 안에서 담당할 독특하고 중요한 역할이 있다.**

바로 여기서 멈추고 그 진리의 놀라움을 곰곰이 생각해 보아도 좋겠다. **다시 말하지만, 서로 대조하면 무척 명료해진다.** 시간과 역사는 힌두교와 불교가 생각하듯 하나의 환상이거나 '마야'가 아니다. 또한 무의미하거나, 셰익스피어의 맥베스가 말하는 것처럼 "소음과 격노로 가득 찼으나 아무런 의미도 없는, 바보가 늘려준 이야기"[7]도 아니다. 우리는 바람에 흩날리는 먼지가 아니다. 우리는 결국 무의미한 것으로 드러날 우주, 언젠가 무의미하게 사라질 우주 속에서 방향을 상실한 기이하고 우연적인 존재가 아니다. 폴 존슨(Paul Johnson)은 『유대인의 역사』(*A History of the Jew*, 포이에마) 서두에서 이러한 히브리인의 견해가 기여한 놀라운 점을 잘 포착했다. "이제껏 역사에 목적이 있고 인류에게 운명이 있음을 유대인보다 더 확고하게 주장한 이들은 없었다.…유대인의 비전은 인류를 위한 유사한 여러 위대한 설계들―신이 만든 것과 인간이 고안해 낸 것 모두―의 원형이 되었다. 그러므로 유대인은 인생에 존엄한 목적을 부여하려는 지속적 시도의 바로 한가운데 있다."[8]

그 결과 어마어마하고 훌륭한 변혁이 일어났다. 미르체아 엘리아데가 "역사의 공포"라고 불렀듯 임의적이고 무의미하게만 보였던 역사가 중요성과 의미로 가득한 "역사의 과업"으로 변화되었다. 동양 종교들이 자유라고 여기며 옹호하는 "역사로부터의 탈출"이 성경의 관점에서는 자유와 책임, 곧 "역사에의 참여"와 이생 및 이 세상에서 자유와 정의와 샬롬을 위해 일하겠다는 신념이 되었다.

이처럼 시간, 역사, 인간의 자유에 대한 근본적으로 다른 성경의 관점은 하나님에 대한 완전히 다른 이해와 그것이 만들어 내는 근본적인 차이점으로 거슬러 올라간다. 성경에서 만나는 하나님은 다른 모든 신 개념과 완전히 다르다. 하나님은 슈퍼맨이 아니고 인간이 하늘에 투사한 반신반인도 아니다. 태양이나 바다, 폭풍 같은 자연의 세력을 의인화한 존재도 아니다. 범신론, 일원론, 또는 여러 신 개념들처럼 영이나 우주 전체를 부르는 또 다른 이름도 아니다. 성경과 아브라함의 종교들에 따르면, 하나님에 대한 그런 개념들은 우주의 일부에 불과한 것을 잘못 투사하거나 부풀린 결과이고, 따라서 하나님이 아니라 우상 혹은 무(無)에 불과하다.

하나님이 성경에서 자신을 계시하신 것을 보면, 그분은 기본

적인 두 가지 면에서 전적으로 유일무이하시다. 한편으로, 하나님은 초월적이시고 철저히 타자(Other)이시다. "유일하시고 바깥에 계시며 만유 위에 계셔서"(급진적 유일신론) 지극히 자유로운 분이시다. 그와 동시에 하나님은 자신의 창조세계를 위해 그 세계와 직접 열정적으로 교류하시고, 특히 자기의 형상과 모양대로 닮게 만드신 인간 피조물에 헌신하시며 관심을 기울이신다. 하나님은 우리가 자신을 사랑하고 믿는 것보다 더욱더 우리 인간을 사랑하시고 믿으신다.

이 두 가지 특징이 "아브라함과 이삭과 야곱의 하나님"을 "고대인의 신들" 그리고 파스칼(Pascal)이 그의 유명한 "불의 밤"에 언급한 "철학자들과 학자들"의 신[9]과 근본적으로 구별해 준다. 하나님은 우주와 그 속의 만물을 창조하신 분이므로 자연 및 사연의 작동 방식(또는 법)을 초월하시고, 자신의 창조물에 매이지 않으신다. 하나님은 공간과 시간의 창조자로서 시간 바깥에 계신다. 그러나 아리스토텔레스가 말한 "부동의 동자"(unmoved mover)인 "제1동자", 또는 이신론이 말하는 동떨어진 "시계 제작자"나 부재하는 "설계자 신"과는 달리, 하나님은 인격적이셔서 역사에 관여하고 인간과 교류하신다. 그분은 홀로 주권자이시므로 어떠한 견제나 간섭 없이 자신의 뜻을 표현하고 실행하는 데 철저히 자유로우시다. 그분 자신의 성품에만 제약을 받으실 뿐이고, 시간과 역사에 개입하고 행동하실 수 있는 자유과 권능은 무한하시다. "나는 스스로 있는 자이니라"("I am who I am" 또는 "I will be who I will be", 출 3:14). 하나님은 오로지 그분의 뜻대로 말하고 행동하시되 주권적이고 자유롭게, 그러나 그분의 성품인 자비와 긍휼로써 그렇게 하신다. 부동의 동자라고? 랍비 헤셸은 이 호칭에 반대한다. 오히려 하나님은 "가장 역동적인 동자"이시다.[10]

우리 인간은 하나님의 "형상과 모양"으로 만들어진 예외적이고 책임 있으며 중요한 존재다. 우리는 자유로워서 진짜 선택을 내릴 수 있다. "내가 생명과 사망과 복과 저주를 네 앞에 두었은즉 너와 네 자손이 살기 위하여 생명을 택하[라]"(신 30:19). 자유로운 존재로서, 우리는 언제나 선택해서 행동한 것과 다르게 행할 수 있었으므로 그 선택과 행위에 대한 책임이 있다. 그러므로 우리가 비록 하나님처럼 주권적인 존재는 아닐지라도 중요하고 책임 있는 존재임은 분명하다. 사실 우리는 항상 우리의 유한함과 자유를 남용하기 쉬운 성향에 제약을 받으며, 그릇된 길로 가고 그릇되게 행하고 심지어 우리가 자유롭게 선택한 악행으로 죄수가 될 수도 있다. "땅의 흙"으로 빚어진 우리는 자연 및 자연 법칙의 일부이고, 우리의 인생에는 순환적 요소가 확실히 존재한다. 우리 역시 사계절을 경험하고, 출생에서 성장을 거쳐 노쇠와 죽음에 이르는 삶의 흐름을 통과하기 때문이다.

그러나 하나님께서 우리를 그분의 "형상과 모양"으로 지으시고 "생명의 숨"을 주셨기에, 우리는 다른 동물과는 다른 예외적 존재다. 우리에게는 자신을 인식할 수 있는("나는 나다", "I am I") 자의식과, 시간의 범위를 인식하며 뒤로 물러서서 먼 과거와 당장의 현재와 아득한 미래를 포함하여 특정한 관점에서 시간을 조망할 수 있는 의식이 모두 있다.

시간의 인식에 관한 한, 이 인간의 자유는 결정적으로 세 가지 능력에 의지한다. 이 능력들이 있기에 우리는 바로 우리 눈앞에 있는 세계와 당장의 현재를 넘어설 수 있다. 그러므로 우리는 시간과 역사의 방대한 범위에 관여할 수 있고, 다른 피조물보다 시간에 대해 상당히 큰 지배력을 발휘할 수 있다. 겨울잠 자는 동물들이나 이동하는 철새들에게서 볼 수 있듯이 동물에게는 시간이 내장되어 있는데, 우리 인간은 훨씬 포괄적으로 시간을 통제한다.

첫째, 우리의 시간 인식은 과거에 대한 **기억**을 포함하며, 이는 방대한 과거를 우리의 의식으로 불러와서 과거를 현재 살아 있는 요소로 만든다. 둘째, 우리의 시간 인식은 **상상력과 비전**을 포함하며, 이는 우리의 의식에 미래를 펼쳐서 미래를 현재 살아 있는 요소로 가져온다. 셋째, 우리의 시간 인식은 **의지**를 포함하며, 이는 인간의 자유를 표현하고 과거와 미래에 대한 의식이 우리의 현재 선택에 영향을 미치게 한다.

시간과 자유

이런 점들은 더 숙고할 만하다. 예컨대, 우리 시대는 미래에 너무 집착하고 과거를 너무 못 견디기 때문에 우리는 기억이 주는 해방감을 상기할 필요가 있다. 이에 대해 생각해 보면, 과거의 놀라운 결정과 훌륭한 행위에 대한 이야기들은 역사를 잊을 수 없게 만들고, 그런 것들이 현재에 영감을 불어넣어 불가피함의 답답한 느낌에서 구해 줄 수 있다. 진실로, 잘 가르쳐진 역사와 잘 쓰인 전기는 자유를 위해 반드시 필요하며 결코 지루하지 않다. 우리가 모세, 아시시의 성 프란체스코(Francis of Assisi), 에이브러햄 링컨(Abraham Lincoln), 플로렌스 나이팅게일(Florence Nightingale), 윈스턴 처칠(Winston Churchill), 마틴 루서 킹(Martin Luther King Jr.), 마더 테레사(Mother Teresa) 같은 이들의 이야기를 기억할 때, 과거는 우리에게 현재의 순간을 넘어설 수 있도록 격려한다. 과거의 영웅들이 그들 현재의 무기력과 변하지 않을 것처럼 보이는 환경을 극복했던 것처럼 말이다.

"현재의 압박감"은 "과거의 압박감" 못지않게 우리를 억압할 수 있다. 언어, 전통, 법률과 같은 과거로부터의 힘들이 항상 현재를 빚어내는 강력한 요인들로 작용하겠지만, 과거의 기억은 또한 현재를 격려하고 자유를 주어 불가피함을 혁신으로 바꿀 수 있다. 라인홀드 니버(Reinhold Niebuhr)에 따르면, "요컨대 기억은 역사 속에서 인간을 위한 자유의 지지대다."[11] 상황에 안주하려 한다면 과거는 도무지 도전할 수 없는 것으로 보인다. 언제나 이런 방식으로 해 오지 않았던가? 그러나 자유는 창조성, 혁신, 변화, 성장, 불만족을 불러일으키고, 과거가 현재에 드리운 불가피함의 분위기에 도전을 가한다.

　인간의 의지는 분명 인간의 자유와 책임을 바라보는 성경의 관점에서 주된 요소이지만, 그 의지는 선과 악 그리고 창조와 파괴 모두를 위해 쓰일 수 있다. 성경에 따르면, 의지의 타락으로 인한 악한 성향이 오늘날 인간의 본성과 자유의 사용 및 남용의 핵심이다. 인간들은 고의로 하나님과 그들 자신의 존재 구조에 반항할 수 있고, 자유를 남용해서 세상에 악을 가져올 수 있다. 이 고의적 반항은 진보주의자들의 허황된 믿음처럼 시간이 흐르면서 줄어들기는커녕, 점점 더 거세져서 마지막에는 적그리스도의 모습으로 귀결될 것이나. 내보는 이 악이 너무 강해져서 하나님의 섭리로 도움을 받아야만 대처할 수 있다. 그러므로 "하나님 아래서"라는 말은 상투어가 아니다. 섭리야말로 궁극적 견제와 균형이며 인간 권력에 대한 최후의 윤리적 제약이다.

　이처럼 인간의 자유에 무제한의 잠재력이 있다는 주장은 정신을 번쩍 들게 한다. 숭고한 창조성(미켈란젤로의 조각상, 셰익스피어의 소네트, 모차르트의 협주곡에서 발견되는)의 근원인 그 자유는 바로 다른 인간들을 파멸시키는 파괴적 힘(죽음의 수용소를 설계하고 운영한)의 근원이며, 언젠가는 지구를 멸망시킬 수도 있다. 자유에 대한 이 열린 관점은 깨달음과 격려를 주면서도, 악의 핵심에 자유가 있다는 언급은 또한 거슬리고 정신이 번쩍 들게 한다. 파스칼은 『팡세』(Pensées)에서 이렇게 썼다. "이 교리보다 우리에게 더 거슬리는 것은 없다. 하지만 가장 불가해한 이 신비가 없다면 우리는 우리 자신을 이해할 수 없다."[12]

사람들은 하나님께 고의적으로 도전할 수 있을 뿐 아니라 자기도 모르는 사이에 표류하다 그 자유를 서서히 잃어버릴 수도 있다. 알아채지 못한 채로 다른 사람들과 그들의 견해에 굴복하거나, 약물과 알코올과 포르노그래피 같은 외부의 힘 등에 굴복할 수 있고, 스스로 택한 나쁜 선택들이 쌓여(부정적 형태의 "마음의 습관") 노예 상태에 빠질 수도 있다. 그러면 사람은 어린아이, 노예, 또는 중독자가 되어 더 이상 자유롭지 못하다. 성경에 따르면, 고의로 저지른 악행과 나쁜 선택 및 습관들을 통해 자의로 서서히 노예가 된 상태의 결국은 "완고한 마음"이며, 한때 자유로웠던 사람들은 독립성을 잃어버리고 스스로 내린 자랑스럽되 그릇된 선택의 죄수로 전락해 버린다.

기억과 상상력과 의지는 다 함께 작동하여 현재의 의미를 확장한다. 현재는 도달하는 즉시 사라지는 한순간이 아니라 과거의 의미와 미래의 의미, 그리고 지금 뜻깊은 행동을 할 수 있는 잠재력으로 가득한 순간이다.

성경은 이처럼 하나님에 대한 매우 다른 개념과 함께, 시간과 역사에 대한 순환적일 뿐 아니라 직선적이고 언약적인 관점을 활짝 열어 준다. 강조하건대, 성경의 관점은 오로지 순환적이기만 한 것이 아니고 궁극적으로 순환적인 것도 아니다. 인간은 확실히 자연의 일부이므로 순환적 요소가 명백하고 또 불가피하다. 그러나 하나님의 형상과 모양으로 창조된 만큼, 자유롭고 활동적이고 책임 있으며 창조적이고 혁신적이고 중요한 존재다. 우리는 우리를 둘러싼 세상에서 독특한 능력을 가졌고, 독특한 과업으로 부름받았다. 곧 하나님의 세계를 위해 하나님과 손잡는 협력자가 되어, 이로써 시간을 직선적일 뿐 아니라 언약적으로 만드는 것이다. 우리는 창조된 존재인 동시에 창조적인 존재다. 우리 인간은 시간과 역사 속에 살며 행동할 자유와 책임을 모두 지닌 존재다.

우리 인간은 모든 생명체 및 우주 자체와 마찬가지로 창조된 존재다. 하지만 우리는 창소되었을 뿐 아니라 창조하기도 한다는 점에서 독특하다. 우리에게는 시간과 역사 속에 살며 행동할, 그리고 아직 존재하지 않는 것을 존재하게 할 자유와 책임이 있다. 무엇보다도 우리의 창조성은 우리 자신을 창조하는 창조성이다. 즉, 우리의 무수한 선택들이 마음의 습관을 만들고 그 습관은 우리 자신을 형성한다. C. S. 루이스(Lewis)가『천국과 지옥의 이혼』(*The Great Divorce*, 홍성사)에서 주장했듯이, 자유는 우리 인간이 우리의 창조주를 가장 닮게 하는 선물이다. 자유가 그렇듯 인간 역사의 장대한 가정(假定)인 것은 좋은 모습과 나쁜 모습 모두를 포함한 역사가 인간 자유의 장대한 실연(實演)인 것과 같다.

자유 같은 단어가 사회적 상투어 내지는 경건한 상투어가 되도록 허용해서는 안 된다. 자유를 부주의하게 취급하는 것은 너무 위험하다. **성경의 인간관은 모든 역사를 통틀어 가장 고상하고 가장 균형 잡힌 인본주의이고, 자유와 책임에 대해 실로 중대한 함의를 지닌다.** 인간은 지구상의 모든 생명체 가운데 예외적인 존재다. 자유로운 동시에 책임 있는 존재로 창조된 우리만 기억과 비전과 의지를 발휘하여 지구상에 선이나 악, 질서나 무질서, 정의나 불의를 초래하는 선택을 할 수 있다. 창조 이후 수많은 세월이 흘렀음에도 우리 인간은 여전히 예외적 존재이고, 우리에게는 여전히 선택의 여지가 있으며, 우리의 선택은 여전히 결과를 초래한다. 특히 지금은 그 어느 때보다 더 많은 결과를 낳는다. 대체로 우리는 우리의 선택대로 변화하는 만큼, 부분적으로는 스스로를 창조하는(또는 망가뜨리는) 존재들이다.

차이는 차이를 낳는다

이런 자유의 개념은 여러 중요한 논점들로 이어진다. 그러나 기본 함의는 실로 혁명적이다. **과거는 영향을 미치지만 그로 인해서만 미래가 결정되지는 않기 때문에, 자유란 미래가 언제나 과거와 다를 수 있음을 의미한다.** 성경의 역사관에는 운명, 불가피성,

필연성, 또는 역사적 결정론 같은 것이 없다. 니체가 말한 "영원한 회귀"도 없고, 요기 베라(Yogi Berra)가 말한 "또다시 데자뷔"라는 것도 없다. 자유란 진정한 선택, 진정한 창조성을 의미하므로 진정한 변화와 진정한 혁신이 언제나 가능하다. 우리는 경험에서 배우고 이후에는 다르게 행동하기로 결심할 수 있다. 언제나 다르게 할 수 있다. 장래의 일은 과거의 일과 다를 수 있다. 우리는 거대하고 확고부동해 보이는 사회 환경과 정치 환경도 바꿀 수 있으나, 훨씬 더 중요한 점은 우리 자신이 변할 수 있다는 것이다. 우리는 과거나 현재와는 다른 모습이 될 수 있다. 진정한 변화, 진정한 개혁, 진정한 성장, 진정한 발전이 가능한 이유는 자유가 우리에게 상상할 수 없는 잠재력을 부여하기 때문이다.

인간의 자유를 바라보는 성경의 관점은 고대와 현대를 망라한 온갖 형태의 결정론과는 완전히 다르고, 이 기본 진리로부터 단순하지만 혁명적인 많은 진리들이 흘러나온다. 첫째, 자유는 겸손을 요구하며 합리주의의 확실성이라는 오만에 저항한다. 우리의 자유는 항상 그리고 궁극적으로 신비로우며 부분적으로 예측이 불가능한데, 우리 자신의 경우에도 그렇고 타인의 경우에는 더욱 그러하다. 아무도 다른 사람이 왜 그렇게 행동하며 앞으로 어떻게 행동할지를 정확히 알 수 없고, 따라서 상대방이 자유로이 행동할 때 다음 순간 어떻게 될지를 도무지 알 수 없다. 미래에는 항상 긴장과 놀람과 충격이 있다. 어느 누구라도, 자신감 넘치는 전문가, 가장 현명한 사람, 가장 노련한 사람, 최상급 컨설턴트, 또는 최고의 분석가도 이 순환을 끊고 역사의 다음에 일어날 모든 일을 확실히 말해 줄 수 없을 것이다. 자유는 겸손을 요구하고, 오늘날 지배 엘리트 계층의 주요 특징인 지적 교만은 자유를 용납하지 못하게 하는 치명적인 장애다.

둘째, 자유는 미래와 관련해 참으로 창조적이다. 자유와 선택으로 인해 역사는 창조성을 발휘하고 변화를 도모할 수 있는 활동 무대가 되며, 인간은 저항, 혁신, 변화, 성장, 갱신, 개혁의 행위자가 될 수 있다. 자유와 마찬가지로 개혁이라는 개념이 오늘날 혼란스럽고 논쟁적으로 받아들여지는 이유는 성경에 의해 촉발된 혁명들(1642년의 영국 혁명과 1776년의 미국 혁명)과 프랑스 계몽주의에 의해 촉발된 혁명들(1789년의 프랑스 혁명, 1917년의 러시아 혁명, 1949년의 중국 혁명) 사이에 엄청난 차이가 있기 때문이다. 건설적인 개혁의 뿌리는 성경의 비전과 진리 안에 있다. 하나님은 아브라함을 부르셔서 주변 국가들의 신들과 행습, 예배 및 생활방식과 결별하라고 명하시는데, 그 부르심은 하나님에 대한 이해를 왜곡하는 모든 것과 하나님의 형상과 모양으로 창조된 인간을 비인간화시키는 모든 것에 대한 지속적인 저항이다. 그 결과, 선지자들이 사회 비판가로서 불의의 문제를 다루고 정의를 도모하도록 부름받는다. 그 결과, 인류를 바로잡고 자유와 정의와 평화를 꿈꾸는 인간의 이상을 지속시킬 창조성, 변화, 갱신, 개혁 운동에 대한 헌신이 일어난다.

　죽은 종교는 너무도 자주 현상 유지와 억압을 위한 기둥이 되지만, 하나님에 대한 살아 있는 신앙은 세상의 현 상태를 받아들이기를 반사적으로 거부하고 하나님 아래서 원래의 바람직한 상태가 되도록 끊임없이 추구한다. 믿음의 삶에는 중도 탈락도 안일한 정착도 후퇴도 없다. 믿음이란 세상의 갱신과 회복을 향한 지속적인 여정에 평생 헌신하는 것이다.

　셋째, 자유는 과거와 관련해 구속(救贖)적인 면이 있다. 만일 자유가 진정한 선택을 뜻한다면, 미래뿐 아니라 과거 역시도 상당히 달라질 수 있다. 그러므로 과거의 악행은 어쩔 수 없이 처참한 결과를 초래할 필요가 없어진다. 이 점은 오늘날 매우 중요하다. 특히 잘못을 바로잡는 성경의 방식과, 권력에 따라 움직이는 포스트모더니즘식의 좌파 진보수의 같은 오늘날의 많은 방식늘 사이에 점점 더 간극이 벌어지는 것을 우리가 목격하고 있기 때문이다. 몇십 년 전만 해도, 좌파 스탈린주의와 우파 매카시즘은 둘 다 규탄을 통한 파괴라는 악의적 전술을 활용했다. 그런데 지금은 「뉴욕 타임스」 칼럼니스트 데이비드 브룩스(David Brooks)가 명명한 "호출(Call-out) 문화의 잔인함"이라는 것이 존재한다. 즉각적인 소셜 미디어 무리가 과거의 죄를 슬쩍 들추거나 현재의 어떤 잘못을 살짝 비난하는 것만으로 사람들을 파멸시키는 현상이다. 회개와 용서는 고사하고 해명할 권리, 맥락에 대한 인식, 사실 관계 확인, 변화와 성장의 기회조차 없다. 그 결과 "어느 순간에든 사회적 말살이 일어날 수 있는, 도덕적 우월감에 기초한 복수 게임"이 벌어진다.[13]

이는 유대인과 그리스도인이 과거에 저지른 악행이 얼마나 악한지를 덜 현실적으로 인식한다는 말이 아니다. 그러나 성경의 관점에 따르면, 인간의 자유는 과거가 상당히 바뀔 수 있으며, 심지어 뻔뻔스러운 악행 이후에도 그럴 수 있음을 의미한다. 왜냐하면 하나님의 개입과는 별개로, 악행자가 회개하고 사과하겠다고 결심하거나 피해자가 보복하기보다 용서하겠다고 결심하는 이중의 가능성이 늘 있기 때문이다. 이 가운데 하나 또는 둘 다 일어날 수 있는데, 둘 다 일어난다면 이는 은혜의 열매이자 자유의 열매로서 자연스러운 암울한 반응을 차단하고 더 밝은 미래를 활짝 열어 준다.

이것이 바로 오스카 와일드(Oscar Wilde)의 유명한 발언, 곧 "모든 성자에게는 과거가 있고 모든 죄인에게는 미래가 있다"는 하반절에 표현된 자유다. 이는 또한 "죄는 미워하되 죄인은 미워하지 않는 것"을 현실적이고도 건설적으로 만드는 요인이다. 죄는 과거와 현재와 미래를 막론하고 언제나 그리고 영원히 잘못된 것이다. 그러나 "죄인"이 과거에 매일 필요가 없는 것은 나쁜 행위와 그 행위를 저지른 사람 사이에는 차이가 있기 때문이다. 어제의 죄인이 회개하고 용서받고 변화되면 과거로부터 해방되어 내일의 성자가 될 수 있다. 세속적 관점과 대비되는 성경의 관점에 따르면 구속될 수 없는 과거는 하나도 없으며, 이는 "시간을 구속하고" 평생에 걸쳐 성장하는 전체 과업에서 하나의 중요한 단계다.

넷째, 자유는 항상 위험과 불안정을 수반한다. 이것이 언약적인 시간과 역사가 지닌 불가피한 함의인데, 인간의 이야기는 언제나 그 끝이 열려 있을 것이기 때문이다. 이쪽으로도 갈 수 있고 저쪽으로도 갈 수 있다. 자유는 그 본질상 결코 안전하고 영구적일 수 없다. 신뢰, 위험, 모험, 불안정 모두가 자유의 대가이고, 거짓 안전과 영구성의 환상을 만들어 내려는 모든 시도는 자유를 죽이는 확실한 길이 될 것이다. 미국과 서구 세계가 다시 배우고 있는 이 오래된 교훈은 사실 역사의 항구적인 교훈이다. 이집트, 바빌론, 페르시아, 그리스, 로마, 영국, 중국, 러시아, 미국을 막론하고, 개인이나 국가가 아무리 강하거나 자유로울지라도 부, 권력, 무기, 유적, 자랑거리, 혹은 스스로 기록한 연대기에 있어서도 궁극적 안전이나 영구성은 존재하지 않는다. 자유는 끝이 활짝 열려 있어서, 강하고 자유로운 개인과 국가는 그들의 힘과 자유를 자유로이 탕진하고, 다른 개인과 국가 역시 자유로이 일어나서 그들에게 도전한다. 개인의 자유와 정치적 자유를 계속 유지하기란 버거운 일이므로 그런 일은 무척 드물다.

이 네 개의 논점을 모두 더해 보라. 그러면 시간과 역사와 인간의 자유에 대한 성경의 관점이 역사상 늘 그랬듯이 왜 현대의 사상들 속에서 그처럼 소외되는지가 분명해진다. 오늘날 이 관점은 이런저런 방식으로 인간의 자유를 부인하거나 역효과를 낳는 방식으로 그 자유를 유지하려는 수많은 시도에 반기를 든다. 성경에 기초한 자유는 과학 및 과학 지식이 인간이 알아야 할 모든 지식의 총합이라는 과학주의의 독선적 가정을 좌절시킨다. 자유는 회사나 사회를 위한 결정을 내릴 때 고려해야 할 모든 요인을 알고 있다고 생각하는 기업 경영인과 사회주의적 계획자의 제국적 술책에 도전한다. 그리고 조만간에, 자유는 미래주의자들의 전체주의적 경향, 즉 그들이 우리 자신보다 우리를 더 잘 알고 있기 때문에 모든 것을 포괄하는 내일의 알고리즘을 신뢰하고 안심해도 좋다고 장담하는 경향을 조롱거리로 만들 것이다. 그런 관점들이 인간을 옥죄는 논리인 데 반해, 인간의 자유는 좋든 나쁘든 선택과 창조성과 변화가 언제나 가장 확실한 예측과는 다르게 드러날 것임을 반드시 보여 줄 것이다.

개방성은 때로 사태가 나쁜 쪽보다 좋은 쪽으로 드러날 것이라는 은밀한 보장으로 여겨지는데, 이것 역시 잘못된 생각이다. 어디에도 그런 보장은 없으며, 자기네가 보장할 수 없는 것을 약속하는 지도자와 정부 등은 결국 오만에 대한 값을 치러야 할 것이다. 인간의 개방성은 용감함, 관대함, 충성, 선의의 가능성뿐만 아니라 우둔함, 오류, 겁, 배은망덕, 퇴보, 불순종, 복수, 오만의 가능성도 포함한다. 언약적 시간관에 따르면, 그 무엇도 기록되어 있지 않다. 우리에게는 나쁘거나 무책임하게 혹은 전혀 그렇지 않게 기록할 자유가 있다. 우리를 강요하는 결정론은 없다. 우리가 옳은 것보다 그릇된 것을 행하도록 정해져 있다 하더라도 책임은 우리에게 있다. 만일 우리가 바르게 선택한다면 무엇이든 개혁하고 개선할 수 있겠지만, 메시아의 시대가 오지 않는 한 완벽해질 전망은 없다. 인간의 이야기는 열려 있는 만큼 **더 좋아지거나 더 나빠질** 확률이 똑같다는 사실에 놀랄 필요가 없다.

    이 모든 사실은 오만하지 말고 겸손하며 책임감을 가져야 함을 강조한다. 우리 인간은 언제나 자유를 감사히 여기고 그 신비를 존중해야 한다. 우리는 우리에게 있는 자유의 능력과 타락해서 자유를 잃기 쉬운 우리의 성향 때문에 겸손해져야 한다. 지식에는 지식이 알 수 있는 것보다 더 많은 것이 있고, 우리의 속 깊은 동기는 항상 우리 자신도 도무지 헤아릴 수 없다. 그러나 그와 동시에, 우리의 선택은 항상 결과를 낳을 것이므로 우리는 하나님 앞과 역사의 심판 앞에 책임 있는 존재로 겸손히 서야 한다. 미래가 만들어지거나 부서지는 것은 부분적으로 우리에게 달려 있고, 그에 대한 책임은 우리가 져야 한다. 유대 민족과 함께 그리스도인은 역사의 무대에 들어가 행동하되 피와 땀과 눈물로 그 역할을 감당하도록 부름을 받았다. 그들은 한쪽 눈으로는 세상과 그들의 시대를 보고, 다른 눈으로는 역사 너머의 소망을 보아야 한다.

다시 말하건대, 유대교와 기독교가 시간과 역사와 인간의 자유를 바라보는 관점은 다른 모든 인생관과 매우 다르다. 우리 인간을 최종적으로 결정짓는 것은 운명, 별점, 카르마, 알라의 뜻, 유전자, 우연이나 행운, 또는 순전히 과학적인 결정론이나 "우리의 운명"이 되는 자연의 외적 필연성이 결코 아니다. 인생에는 우리 존재에 대한 궁극적 데자뷔, 환생, "영원한 회귀" 같은 것이 없다. 우리는 본래 이렇게 태어났다고 말하는 것은 우리 행동에 대한 변명이 될 수 없다. 물론 우리가 완전히 자유로운 때는 없다. 우리는 무수한 외부 세력들뿐 아니라 마음의 습관이 된 이전의 선택과 그에 따라 스스로 선택한 성품에 의해 형성되기 때문이다. 그러나 우리가 비록 그런 영향을 받을지라도 그로 인해 단순히 **움직여지지** 않기 때문에, 우리가 처한 환경에 어떻게 반응할지 선택하는 면만 본다면 결정적으로 자유롭다. 역사의 독특한 물결 속에서 인생의 자유를 지닌 우리는 중요한 존재다.

만일 이런 자유관이 하나의 선물이고 우리가 중요하고 책임 있는 존재라면, 그 단점도 분명히 염두에 두어야 한다. 자유는 선이나 악에 이용될 수 있고, 심지어 타락해서 완전히 잃어버릴 수도 있다. 따라서 인간은 감사함으로 겸손하고도 책임 있게 자유를 주장하고 행사해야 한다. 여기에 자유의 역설이 있다. 자유가 그 자체로 최대의 적이 될 수 있는 것은, 자유의 타락은 곧 자유로운 사람들이 주인으로 시작해서 스스로 선택한 강박관념(신념에 대한 중독)과 스스로 선택한 중독(행위에 사로잡힘)에 굴복하는 노예로 끝난다는 의미이기 때문이다. 무엇보다도 인간의 자유는 결코 오만으로 격상되면 안 된다. [유발 노아 하라리(Yuval Noah Harari)는 말한다. 우리는 "지구 행성의 신들이다."][14]

우리가 C. S. 루이스가 말한 "주인 세대"(the master generation)의 도래에 접근함에 따라, 변함없는 책임감과 겸손의 필요성은 오늘날 기하급수적으로 커졌다. "주인 세대"란 유전공학과 사회공학에서의 선택이 **그들의 지식이나 동의 없어도** 모든 미래 세대를 원하는 대로 형성할 수 있다고 믿는 세대를 가리킨다.[15] 멀지 않은 미래에 유전자 편집과 인공지능 내지는 초(超)지능의 도래와 함께, 자유의 결과론적 특성에 최대한 초점이 맞춰질 것이다. 곧 우리는 우리의 뜻대로 사람들을 창조하는 능력, 우리의 인간 지능을 훨씬 초월하는 *기계를* "우리의 형상으로" 창조하는 능력을 갖게 될 것이라고 한다. 그러면 우리의 지성과 손으로 만든 그 기계들은 우리가 서로에게 또 동물 세계에 그러하듯 우리에게 자유롭고, 헤아릴 수 없고, 예측할 수 없는 것이 될 수 있다. 어빙 굿(Irving Good)을 비롯한 인공지능 분야 전문가들의 오랜 예측과 같이, 그러한 면에서 우리의 겸손, 우리의 책임, 자유를 타락시킬 수 있는 우리의 역량이 전례 없이 노출될 것이다. 그런 초지능적 기계들에 대해 우리는 어떤 태도를 취할 것이며, 그런 기계들은 우리에 대해 어떤 태도를 취할 것인가? 좋든 나쁘든, 그것들은 실로

"최후의 기계들"과 "사람이 만들어야 하는 최후의 발명품"이 될 수 있다.[16]

최고의 인본주의

성경의 인간관은 최고의 인간 가치를 묘사하고 보호한다는 의미에서 최고의 "인본주의"(humanism)라 할 수 있다. 이는 인간 존재의 중요성을 과장하거나 축소하는 현대의 모든 인본주의의 대척점에 서 있다. 현대의 대표적인 네 가지 인본주의는 다음과 같다. 곧 **세속적 인본주의**("신은 죽었다", "사람이 만물의 척도다"), **반인본주의**(antihumanism, 세속적 인본주의가 성차별적이고 식민주의적이며 종족국수주의적이라는 등의 이유로 노골적으로 거부하는 운동), **탈인본주의**(posthumanism, 세속적 인본주의를 거부하며 동물 및 자연과 하나가 되는 것을 지향하는 운동), **초인본주의**(transhumanism, 세속적 인본주의를 거부하며 테크놀로지와 하나가 되는 것을 지향하는 운동)이다. 이런 견해들과 대조적으로, 성경은 타락 이후의 인간조차 시간과 역사 속에서 하나님의 높은 이상을 이룰 중심 존재로 묘사한다.

인간을 바라보는 성경의 고상한 인본주의는 여러 각도에서 탐구할 수 있는데, 세 가지 구성의 연속체들로 생각해 볼 수 있다. 첫째, 우리 인간은 독특하게 관계를 맺고 대화한다. 우리는 **우리 자신**, **타인**, **하나님**(설령 하나님을 다른 것으로 대체하거나 그분을 거부하려 할지라도)과 끊임없이 대화하면서 살아간다. 둘째, 우리 인간은 우리의 **의식**, 우리의 **작용**, 우리의 **책임성**과 같은 속성으로 인해 땅에서 유일하게 결과를 낳는다. 셋째, 우리 인간은 시간과 역사 속에서 하나님의 지속적인 목적을 이루는 그분의 협력자로서, 창조세계에서 유일하게 중심 역할을 한다. 우리는 언제나 작고 확신 없는 초보자에 불과하지만, 하나님이 주신 소명에 대한 우리의 반응은 하나님의 **주권**과 인간의 **중요성**과 역사의 **특이성** 사이의 상호작용을 활짝 열어 준다.

하나님은 시간의 창조주로서 언제나 시간 바깥에 계시고 시간 위에 군림하신다. 하나님 아래서 하나님의 형상으로 창조된 인간의 독특한 중요성과 마찬가지로 시간과 역사에 관한 독특한 관점이 존재한다. 인간의 작용과 역사의 특이성이란 어느 순간도 다른 순산과 결코 같을 수 없다는 의미이며, 이는 시간의 연속이 늘 반복되는 순환이 아니라는 또 다른 이유이기도 하다. 이는 한 이야기를 시작과 전개와 끝으로 구성하는 반복되지 않는 연속이다. 그리고 모든 이야기가 그러하듯, 그 이야기가 반전과 역전을 거듭할 때 항상 놀라움과 긴장이 있을 것이다.

모든 분야의 과학자들은 안팎에서 우리에게 영향을 미치는 다양한 요인들을 줄곧 분석할 테고, 모든 분야의 전문가들과 컨설턴트들은 갈수록 더 멋진 비즈니스 형태와 정치적 예측을 제공할 것이다. 그러나 영향을 주는 세력들은 변경할 수 없는 원인들이 아니다. 그것들은 통제하거나 강요할 필요가 없다. 또한 결코 완벽한 설명을 줄 수 없으므로, 어떤 분석가도 무책임함에 대해 변명할 수 없을 것이며 어떤 예측가도 그 순환을 끊고 확실한 것을 내놓을 수 없을 것이다. 인간 작용의 자유(와 심술궂음)란 무슨 일이 일어나기까지는 우리가 그것을 결코 완전히 알지 못할 것임을 의미한다. 그 결과는 결코 기록되지 않는다. 내일은 항상 부분적으로 미지의 상태로 있을 것이다. 그것은 우리의 선택을 통해 부분적으로 기록되려고 남아 있는데, 우리가 더 많이 안다고 주장할수록 다음에 일어날 일에 대한 확신이 줄어드는 것이 지식의 역설이다.

인간과 하나님이 맺는 언약의 협력 관계는 경외심을 불러일으키되 언제나 하나님 아래서 이루어진다. "나는 나다"가 인간의 작용보다 앞서는 의식이고, "하나님 아래서"와 "그러나 하나님은"이 그보다 앞서고 그 의식을 지배하며 뒤따르는 책임을 형성한다. 후자는 모든 인간의 헛된 주장의 배후에 있는 방어역이다. 늘 "사람이 계획해도 하나님이 성패를 결정하시기" 때문이다. 요셉은 자기들 때문에 겪은 그 모든 어려움에 대해 요셉이 정말로 자신들을 용서했다고 믿지 않았던 형들에게 이렇게 말한다. "그런즉 나를 이리로 보낸 이는 당신들이 아니요 하나님이시라"(창 45:8). 또는 셰익스피어의 햄릿의 말을 빌리자면, "우리가 우리의 목적을 엉성하게 깎을지라도 결국 그것을 실현하는 분은 신이다."[17]

신의 섭리와 인간의 협력 관계, 신의 주도권과 인간의 동의를 잇는 고리가 언약적 시간관을 열어 준다. 시간이 언약적이라는 것은 하나님의 부르심에 응답하는 이들이 그분과의 언약적 합의 관계에 속하게 된다는 뜻이다. 하나님의 섭리는 온 역사를 주관하고 인간의 허식을 제어하지만, 섭리 아래서 우리는 아무리 작고 하찮게 보일지라도 선이나 악을 위한 중요한 행위자들이다. 그래서 하나님의 부르심에 응답하는 이들, 곧 하나님을 알고 그분과 동행하는 이들은 세상에서 그분의 목적을 증진시키는 일에 그분과 기업가 파트너가 된다. 물론 우리는 어디까지나 주니어 파트너에 불과하지만, 섭리는 역사에 어떤 목적과 취지가 있음을 보증한다. 그러므로 역사의 의미는 비록 어떠한 세대든 훨씬 뛰어넘고 인간의 이해를 훨씬 능가하지만 시간 속에서 이런 언약적 목석들을 이루는 것이다.

이렇게 보면 시간과 역사는 환상이 아니고, 환생이나 영원한 회귀라는 것도 없다. 따라서 이는 힌두교, 불교, 니체와 그 추종자들의 관점과는 전혀 다르다. 오히려 시간과 역사는 인간의 행동과 변화를 위한 무대, 하나님과 지속적으로 상호작용을 하는 언약 관계를 위한 무대, 선과 악의 갈등이 드라마처럼 펼쳐지는 놀랍도록 진정한 무대를 만들어 준다. 창세기의 창조 이야기는 하나님이 자신이 창조한 우주를 바라보며 "좋다"고 선언하신 후 "심히 좋다"고 말씀하셨다고 한다(창 1:25, 31). 그러나 역사에 대한 하나님의 판결은 창조세계에 대한 판결과 다르다. 죄가 모든 것을 바꿔 버렸다. 역사의 상당 부분은 **달라졌어야 했다**. 본래는 이렇게 될 것이 아니었다. 많은 것이 잘못되었고 매우 잘못되었으며, 지금도 그러하다. 세상은 바로잡힐 필요가 있고, 하나님을 알고 사랑하는 이들은 그분과 언약한 협력자가 되어 세상을 본래 설계되었고 언젠가 또다시 그렇게 될 상태로 고치고 회복시키는 일에 동참하게 된다.

여기에 시간과 역사를 바라보는 언약적 관점이 낳는 눈에 띄는 결과가 있다. 인간이라는 기업은 중요하고 견실하지만 어디까지나 하나님의 협력자로서, 하나님 아래서 그러하다. 하나님을 떠나면 그 모든 사고들과 불평등과 불의, 내부에서 바라볼 때의 역사의 무의미는 당연히 엘리아데의 "공포"를 반영한다. 그러나 하나님 아래 있고 하나님과 함께하면, 역사는 공포에서 과업으로 변모한다. 하나님의 부르심에 응답하는 이들은 인생의 기업가다. 그들은 항상 시간과 역사 너머를 바라보는 가운데 하나님의 길을 따르고 시간과 역사 속에서 행동한다. 그들은 하나님을 알기 때문에 믿음으로 행하되 역사와 시간의 지평선 너머를 바라보는 소망을 품고 그렇게 한다. 그런 행동은 진정성과 과단성을 지니며 결과를 낳는다. 단기적으로는 어떤 성공이나 실패로 나타날지언정, 그러한 기업들과 인생들은 결코 헛되지 않다.

다시 강조하건대, 언약적 시간에 속한 인생은 언제나 "하나님 아래"와 그분의 섭리 아래 있다. 겉보기에 어떠하든지 인간의 권력과 그 오만에는 항상 윤리적 한계가 있는 법이다. 믿음으로 사는 인생은 궁극적으로 그 효과와 성공을 보장받지만, 결과의 성공 여부는 믿는 자의 소관 밖이다. "의인은 그의 믿음으로 말미암아 살리라"(합 2:4)는 히브리 선지자의 확신은 번영하는 평화로운 시대가 아니라 난폭하고 혼란한 시대, 즉 외부 환경이 그런 확신을 정당화할 수 없을 때, 인간이 할 수 있는 일이 아무것도 없는 시대에 울려 퍼졌다. 우리가 몸담은 깨어진 세상에서는 많은 인생이 하찮거나 심지어 절망적으로 보이는데, 다수의 인생이 "불완전한" 것은 단 한 번의 인생 동안 모든 위대한 일을 다 완수할 수 없기 때문이다. (랍비 타르폰의 말을 빌리면, "그 과업을 완수하는 것은 당신의 몫이 아니지만 당신에게는 그것을 단념할 자유도 없다.")[18]

그런데 성공, 성취, 명성, 유산은 믿음으로 사는 사람들의 목표가 아니다. **여기 지금이란 시간의 틀은 너무 짧아서 정확한 척도가 될 수 없다.** 믿음의 남녀는 언제나 역사의 지평 너머를 응시하면서 역사 속에서 행동하고, 많은 경우는 그들의 비전이 성취되지 않은 상태로, 그들의 성공이 완수되지 않은 상태로, 그들의 유산을 얻지 못하거나 불분명한 상태로 죽음을 맞이한다. 그러나 히브리서의 저자는 믿음으로 살며 하나님을 바라보는 그런 비전가들과 기업가들에 대해 이렇게 말한다. "하나님이 그들의 하나님이라 일컬음 받으심을 부끄러워하지 아니하시고 그들을 위하여 한 성을 예비하셨느니라"(히 11:16).

요약하면, 선불교와는 정반대로, 언약적 시간관에 따르면 우리 각자는 연못에 던져진 돌이며, 시간의 대양과 역사의 흐름에 영원한 잔물결을 일으키는 존재다.

다른 개념, 다른 캘린더

시간과 역사의 중요성에 대한 언약적 관점으로부터 많은 결과가 흘러나온다. 그 결과들은 시간의 캘린더와 삶의 리듬에 대한 독특한 의식과 함께 시작하지만, 역사는 틀림없이 그 모든 결과에 필수적이고 또 중심이 된다. 이방 세계와 오늘날의 "탈인간들"(posthumans) 곧 순환적 시간관을 따르는 이들에게 시간은 항상 자연에 묶여 있는 것이며, 자연은 풍요와 번영의 원천으로 간주된다. 고대 세계는 물론이고 오늘날에도 많은 곳에서 사람들은 실재를 신화와 의례를 통해 이해했고, 한 해를 자연 및 계절의 리듬과 관련한 축제들로 구별했다.

성경의 관점은 그렇지 않다. 한편으로, 유대력은 창조를 되돌아보았고 후대의 어느 시기에도 자연의 순환을 따르지 않았다. 시간은 창조의 제7일을 기념한 안식일, 즉 하나님께서 자유와 평안과 안녕의 핵심인 안식을 창조하심으로 창조의 절정을 장식하신 그날을 따라 구분되었다. 현대인 가운데 일주일이 7일이란 개념이 성경에서 온 것임을 아는 사람은 별로 없다. 고대의 캘린더에는 그런 주간이 없었다. 그리고 안식일의 자유와 안식이라는 주제는 7일과 7년 단위로 계속 이어지다 제50년, 즉 희년에 이르러 완성되었다["너희는 오십 년째 해를 거룩하게 하여 그 땅에 있는 모든 주민을 위하여 자유를 공포하라"(레 25:10)]. 오늘날처럼 빠른 생활로 시간의 노예가 되기 오래 전에는 자유와 안식이 강하게 연결되어 있었고 언약적 시간관의 중심을 이루었다. 우리 인간은 참으로 창조된 존재일 뿐 아니라 창조하는 존재인데, 안식일은 우리가 전자를 기억하고 후자를 잊어버리는 타임아웃이다. 우리는 스스로 창조된 존재도 아니고 스스로 충족적인 존재도 아님을 상기하기 위해 창조적 계획과 단조로운 반복 작업을 막론하고 모든 일을 멈춘다. 우리는 창조된 존재이고, 우리가 맡은 최고의 책임은 우리의 창조주를 예배하는 것이다.

다른 한편으로, 유대력은 자연이 아니라 역사를 되돌아보았다. 유대인의 축제들은 하나님께서 역사 속 실제 시간에 그분의 백성 이스라엘을 해방시키고 구속했던 그 위대한 사건들을 기념했다. 물론 유대인의 축제들이 자연과 관련된 다른 전통의 기념일들을 받아들인 것은 사실이지만, 유대인들은 그런 기념일들을 자연이 아닌 역사를 기념하는 축제로 바꾸었다. 그들은 자연에서 해마다 반복되는 순환이 아니라 실제 시간에 일어난 유일무이한 독자적 사건들을 기념했다. (유월절은 본래 봄철 축제였지만 출애굽을 기념하는 축제로 변형되었다. 이와 비슷하게, 맥추절은 본래 추수 축제였지만 토라를 받은 것을 기념하는 축제가 되었고, 초막절은 본래 포도 수확을 기념하는 행사였다가 광야 생활을 기억하는 절기로 바뀌었다.) 랍비 헤셸은 이렇게 말한다. "비록 물리적 생활은 자연에 의존했지만, 이스라엘에게는 자연의 순환 속 반복되는 과정들보다 역사적 시간 속의 유일무이한 사건들이 영적으로 더욱 중요했다."[19] 따라서 역사와 자연은 함께 성경적 관점에 포함되어 있지만, 역사가 의미의 궁극적 틀을 제공하고 창조세계는 그 틀 안에서 이해된다.

성경적 시간관에는 폭발적 추진력이 있다. 타락한 세상에서는 자유와 권력이 항상 남용될 것이고, 자유의 타락은 반드시 권력의 타락을 가져오며 이어서 억압과 불의, 불평등과 군림을 낳게 될 것이다. 그래서 타락한 세상은 언제나 대대로 확장되는 불평등의 냉혹한 순환이 만들어 내는 어두운 가속도에 따라 흘러갈 것이다. 우리 시대의 속박된 노예들, 감금된 성매매 종사자들, 쫓겨난 이주민들, 소년 병사들이 이를 증언한다. 그리고 초지능 시대의 전례 없는 부유함을 비롯하여, **가진 자와 못 가진 자, 높은 자와 낮은 자** 사이의 차별과 분열은 갈수록 더 커지고 나빠질 것이다. 무엇보다도 이는 민주주의든 자유 시장 자본주의든 어떤 정치·경제 제도가 어떤 장점이 있다 할지라도, 그 결과는 항상 이 논리를 벗어날 수 없으므로 열렬한 지지자들을 실망시키고 비판자들의 의심과 적대감을 확증할 것임을 의미한다.

또한 오늘날의 퇴락하는 순환이 주는 압박은 우리의 시간 인식을 무겁게 억누르는데, 이는 분명히 가난한 자 못지않게 부유한 자에게도 해당한다. 현대인이 시간의 노예가 되는 것은 우리의 많은 시간이 남들의 통제 아래 있기 때문이다. 우리는 광고와 소셜 미디어, 연예, 비디오 게임이나 포르노그래피처럼 우리의 주의를 사로잡는 것들에 삶의 많은 부분을 낭비하고 있다. 현대성은 우리 모두를 시간의 노예로 만든다.

그러나 고대 세계든 현대 세계든, 문제가 권력 또는 빚 또는 시간의 노예 상태이든 간에, 성경은 이런 부정적인 순환을 긍정적이고 구속적인 반대의 순환으로 역행한다. 바로 안식일, 안식년, 희년이라는 급진적인 개념이다. 나를 비롯한 많은 그리스도인들이 이 제도와 그 배후의 사상에 대해 별로 생각하지 않고 이를 하찮게 여긴 것을 부끄러워해야 한다. 그 대신 우리는 안식일과 안식년의 개념을 거의 완전히 무시하거나, 이따금 빠지는 율법주의 또는 일과 오락의 쉴 새 없는 왕복 속에 죄책감을 느끼는 것 사이에서 불안하게 흔들리고 있다.

하지만 여전히 우리는 그리고 시간에 쫓기는 세상은 성경과 유대인 친구들에게서 배울 것이 많다. 그들에 따르면 안식일과 유토피아의 실현 사이에는 연결고리가 있다. 유토피아(문자적으로 "없는 곳")라는 개념과 "이상주의자"(utopian)에 대한 설명이 나쁜 평판을 받는 것은 둘 다 상상의 산물이기 때문이다. 유토피아는 결코 도래하지 않고, 그 옹호자들은 이상과 현실의 간극을 폭력을 통해서라도 메우도록 압박을 받는다. 성경은 그러한 중간기를 현실적으로 다룬다는 점에서 실로 독창적이다. "유대교의 독특한 점은 **현재의 유토피아**라는 안식일 개념이며, 이는 7일마다와 7년마다 반복되는 이상적인 사회 질서, 즉 안식이 공적 영역의 일부로 모두에게 동등하게 적용되는 그런 질서의 예행연습이다.…이는 7일 중 하루는 부와 권력의 모든 위계가 중단됨을 의미했다. 아무도 일하도록 강요될 수 없었다. 고용인이나 노예, 심지어 가축들까지도 말이다." 왜 그랬을까? "하나님의 종인 사람들이 사람의 종이 되지 않게 하려고."[20] 아마 시간의 종이 되지 않게 할 의도도 있었을 것이다.

요컨대, 안식일은 현재의 시간에서 "시간을 구속하는 일"의 중심이다. 회개와 용서가 과거의 시간에서 시간을 구속하는 일의 중심인 것과 같다. 안식일은 타임아웃이자 휴식으로, 우리를 새롭게 하고 회복시키며 균형을 다시 잡아 준다. 현대 세계에서 누리는 모든 혜택과 안락에도 불구하고 우리는 과거 어느 때보다 더 시간에 쫓긴다. 그러나 안식일, 안식년, 희년이라는 삼중적 제도를 따른다면, 우리는 7일마다 7년마다 50년마다 안식과 재충전, 안녕과 자유를 시간과 역사 속으로 되돌려 놓을 수 있다.

이처럼 자연과 신화, 그리고 역사상 등장했던 자유와 정의에 관한 온갖 주장과 결별하는 것이야말로 성경의 틀림없는 특징이다. 우리는 언약적 관점과 단지 순환적이기만 한 관점 간의 중대한 차이를 완화시키면 안 된다. 언약적 관점에서 시간과 역사는 실재하고 근본적이며 피할 수 없다. 인간의 작용도 실재하고 결정적이며 중요하다. 자유와 정의에 대한 지속적 헌신 또한 반드시 필요하다. 매일 매주의 생활에서부터 과학, 정치, 자유와 정의와 개혁을 위한 투쟁 같은 장대한 계획에 이르기까지, 시간과 역사를 바라보는 어떠한 관점이 서양을 빚어냈으며 근대 세계의 발흥을 촉발했고 이 세계를 내일을 향해 가장 잘 이끌어 갈 것인지는 의문의 여지가 없다. 랍비 색스(Sacks)는 도발적이지만 아주 정확한 결론을 내린다. "순환적 시간은 매우 보수적이다. 그러나 언약적 시간은 심오하게 혁명적이다."[21]

연대기적 시간

세 번째 시간관은 세속주의 신념이 견지하는 연대기적 시간이다. 연대기적 시간은 직선적이고 언약적인 시간이되 하나님, 초월성, 영원성, 초자연적 존재에 대한 믿음을 잘라 낸 채 세속화된 시간이다. 동양 명상에서 지복에 도달하기 원하는 것같이 순환적 시간관의 옹호자들이 **시간 속의 영원**을 바라본다면, 연대기적 시간의 옹호자들은 그와 정반대다. 이들은 **영원 없는 시간**을 조망한다. 헬라어 크로노스(*chronos*)는 시간을 의인화하여 표현한 단어다. 이는 시간을 선이나 악에 대한 잠재력과 의미로 충만한 의미 심장한 순간으로 보는 카이로스(*kairos*)와는 대조적으로, 시간을 직선적 순간들의 연속으로 바라보는 것을 의미한다.

크로노스는 내재적 의미가 없는 직선적 순간들의 연속으로, 끝없고 변함없이 단조롭게 똑딱똑딱 흘러가는 시간이다. 의미심장한 순간을 가리키는 카이로스와는 무척 다르다. 카이로스는 예컨대, 훗날 "시간을 초월한" 것으로 간주된 승리 또는 재난의 순간 같은 것이다. 내가 몇 년 동안 런던에 있는 한 교회에 출석할 때, 교인 가운데 로저 배니스터(Roger Bannister)가 있었다. 1954년 5월 6일 옥스퍼드에서 그는 역사상 최초로 1마일을 4분 내로 달린 인물이었고, 훗날 의학 분야에서의 성공에도 불구하고 그의 이름은 그때의 4분으로 영원히 새겨졌다. 대부분의 사람에게 인생에서 4분은 큰 의미가 없지만, 배니스터는 자신이 오히려 연구자로 이름을 남기기를 바랐다고 솔직히 털어놓았다. 그러나 그는 그 4분을 결코 뛰어넘지 못할 것이다. 그는 심지어 이런 농담까지 했다. "많은 사람은 내가 4분짜리 일을 하는 동안 즐겼던 인생을 누리지 못했을 것이다!" 당시에 그는 고통스러운 마지막 몇 초가 "끝나지 않을 것 같았다"고 표현했으나, 60년이 흐른 후에는 "영원처럼 보였다"고 회고했다.

성경에 나오는 언약적 시간은 카이로스 순간들로 가득 차 있다. **하나님 아래서는** 역사의 드라마가 가장 높고 가장 깊은 의미를 덧입기 때문이다. 오래된 흑백 필름에 색이 입혀지거나 어둑한 방에 불이 켜지듯이, 영원의 빛을 받으면 모든 것이 다르게 보인다. 유명한 예로는 모르드개가 에스더 왕비에게 도전했던 전설적인 말이 있다. "네가 왕후의 자리를 얻은 것이 이때를 위함이 아닌지 누가 알겠느냐?"(에 4:14) 그러나 카이로스 시간이 성경에만 있는 것은 아니다. 셰익스피어는 『율리우스 카이사르』(*Julius Caesar*)에 나오는 유명한 마르쿠스 안토니우스의 추도사로 이를 포착했다. "인간사에는 조류가 있어, 만조를 잘 타면 행운에 이르지요. 놓치면 그들 인생의 항해가 여울에 묶여 불행을 자초한다오."[22]

언약적 시간과 연대기적 시간 사이의 중요한 차이는 의미의 원천이 다르다는 데 기인한다. 언약적 시간관에서 나오는 의미는 궁극적으로 ("영원의 관점 아래서", *sub specie aeternitatis*) 하나님이 보고 그렇게 될 것을 아시는 것인 데 비해, 연대기적 시간에 속한 의미는 인간들이 보고 세우려 애쓰는 것이다. 이 차이는 연대기적이면서 직선적인 시간의 지지자들을 두 진영으로 나누기 때문에 대단히 중요하다. 하나는 스스로 창조된 인간이라는 의미를 전적으로 실현 가능한 프로젝트로 여기는 낙관주의자들이고, 다른 하나는 이에 반대하는 비관주의자들이다.

낙관주의 진영은 18세기의 계몽주의가 낳은 자식이었다. 한 세기 후에 니체가 그런 견해를 "신은 죽었다"고 표현했지만, 당시에는 더 이상 하나님이 필요하지 않았다. 한때 하나님이 있다고 여겨졌던 모든 영역을 인류가 넘겨받고, 인간들은 스스로 자신들의 미래를 떠받치고 이끌어 갈 수 있었다. 더 이상 하나님이나 자연이나 진화에 의지하지 않고도 이제 인류는 자기들의 진화를 통제할 수 있다. 인간의 존엄성, 진리, 자유, 이성, 과학, 진보 등, 이 모든 것은 유대교와 기독교의 성경이 준 선물이었을지 모르지만, 이제 이성이 계시를 대체하고 나머지는 시간과 역사에 관한 개선된 세속주의 행진에서 제자리를 찾게 될 것이다. 인류가 하나님의 자리를 넘겨받고, 진화가 창조를 대체하며, 시간 및 역사상의 진보는 하늘을 대신해 새 하늘과 새 땅을 세우고, 윤리적 진보는 기술적 진보와 손잡고 행진할 것이다. 전과 다름없는 많은 의미와 목적과 역동성, 그리고 넓고 환한 고지를 향한 꾸준한 행진이 있을 테지만, 이제 그 의미는 인본주의, 스스로 창조된 인간, 독립적인 진보일 것이다.

버트런드 러셀에 따르면, "과학 철학"은 "우리의 지구를 낙원으로 바꾸어" 줄 "새로운 윤리"를 형성할 수 있다고 한다.[23] "현대의 기술들은 사람에게 그의 모든 사고방식을 변화시키는 힘을 인식하게 해 준다.…신이 세계를 만들었을지는 모르지만, 우리가 그것을 바꾸면 안 될 이유가 없다"[24]라고 그는 선언했다. 루이스 멈퍼드(Lewis Mumford)는 『기술과 문명』(*Technics and Civilization*, 책세상)에서 이렇게 표현했다. "불가능하다고? 아니다. 현대 과학과 기술이 아무리 모자란다 해도 인류에게 적어도 한 가지 교훈을 가르쳤다. 즉, 불가능한 것은 없다."[25] 그런 프로메테우스적 태도 또는 인간의 전능함에 대한 엄청난 꿈은 분명히 조제프 프루동(Joseph Proudhon)의 말에도 들어 있다. "우리는 신에 굴하지 않고 과학과 사회의 진보를 이룬다. 우리의 모든 진보는 신을 짓밟는 승리다."[26]

인류는 스스로 만든 목표를 향해 직선적 시간을 조정하고 자기 운명의 선장이 될 것이다. 과거에 어떤 역사가 있었든지 그것은 모두 지나갔다. 인류에 의한, 인류를 위한 역사는 현재와 미래에 인간의 구속을 위한 무대가 될 것이다. 역사는 인류가 자유와 권력과 확장을 끝없이 추구하는 이야기가 되리라. 이제 하나님에 대한 믿음은 안전하게 폐기할 수 있다. 아니, 하나님에 대한 믿음이 폐기되어야 하는 이유는 섭리와 같은 개념들은 인간의 지성이 아직 무지하고 의시가 허약했던 이전 시대를 돌아보게 하는 잔재이기 때문이다.

러셀은 이 행복한 비전이 어떻게 성취될지는 말하지 않았는데, 인간이 역사를 구속한다는 모든 낙관적 견해들에는 단순한 문제가 하나 있었다. 그런 일이 일어난 적 없고 아직도 일어나지 않았으며, 세속주의가 권력을 잡았을 때는 그와 반대되는 일이 발생했다는 것이다. 일찍이 그런 일이 일어나지 않으리라고 내다본 사람들이 있었다. 19세기 초 스페인의 위대한 예술가 고야(Goya)는 그의 작품에서 암울한 경고를 묘사했다. "이성의 꿈은 괴물들을 낳는다."고야는 우리 시대에 존 랠스턴 솔(John Ralston Saul)과 그의 권위 있는 저서 『볼테르의 서자들』(*Voltaire's Bastards*)의 지지를 받았다. 고야 이후 2세기가 흐른 현재 인종차별과 우생학, 아우슈비츠, 캄보디아의 킬링필드 같은 괴물들과 계몽주의 사이에 불편한 관계가 있음은 도무지 의심할 수 없다. [예컨대, 가장 위대한 계몽주의 철학자였던 이마누엘 칸트(Immanuel Kant)는 유대인을 "사회의 뱀파이어"로 묘사했고 "유대교의 안락사"를 요구했다. 쇼펜하우어도 이와 유사하게 유대인이 "짐승보다 나을 게 없다"고 말했다.][27]

아직도 세속주의 진영에는 주목할 만한 낙관주의자들이 있다. 그중 하버드의 스티븐 핑커(Steven Pinker)는 『현재의 계몽주의』(*Enlightenment Now*)와 『우리 본성의 선한 천사』(*The Better Angels of Our Nature*, 사이언스북스) 같은 책들에서 원대한 소망을 피력했다. 그러나 낙관주의자들과 역사의 구속을 믿는 이들은 오늘날 훨씬 드물고, 다른 무신론자들의 현실주의를 지지하는 증거가 더 많다. 기술의 진보는 숨 막힐 정도로 놀랍지만, 윤리적 진보는 숨이 차 헐떡거리는 상태로 길가에 내버려진 것 같다. 설상가상으로, 라인홀드 니버 같은 비판가들이 고발했듯이, 인간 자유의 무한한 확장과 역사를 인간 구속의 무대로 믿는 무비판적 확신이 서구 문명의 무모한 역동성을 고조시켜 "일종의 악마적 분노가 된" 지점까지 이르렀다.[28]

어쩌면 18세기식의 낙관주의가 부활하길 바라는 최후의 소망이 초인본주의와 초지능에 대한 바람에 내재되어 있을지 모른다. 장차 도래할 인류의 기술 해방에 대한 초인본주의의 비전이 현재 치솟고 있음은 의문의 여지가 없다. 예컨대, 맥스 테그마크(Max Tegmark)는 『맥스 테그마크의 라이프 3.0』(Life 3.0, 동아시아)에서 초지능이 인류를 변화시킬 뿐 아니라 온 우주를 일깨워서 우주에 의미와 의식을 부여할 것이라고 주장한다. 초지능은

> 우리의 우주를 자의식도 없고 지각도 없는 좀비 상태에서 자기 성찰과 아름다움과 소망을 품은 살아 있는 생태계로 변화시킬 것이다. 아울러 우주는 목표와 의미와 목적도 추구할 것이다. 우리 우주가 한 번도 깨어난 적 없다면, 내가 우려하기로는 우주가 완전히 무의미해질 뻔했다. 우주는 단지 거대한 공간 낭비에 불과했을 것이다. 만일 우리 우주가 어떤 우주적 재난이나 자초한 불운 때문에 다시 잠든다면, 그것은 슬프게도 무의미해질 것이다.[29]

그런데 테그마크의 말 가운데 어느 것이 더 충격적인가? 지난 수십억 년의 세월에 걸쳐 우주에 아무런 의미가 없었다는 단언인가, 아니면 다음 세대에 이 용감한 새 기술구원자들이 태어나 우주 전체에 그들의 은혜를 퍼뜨림으로써 모든 생명과 온 우주를 전례 없는 의미로 빛나게 하리라는 눈부신 낙관주의인가?

하지만 현재 무신론을 신봉하는 대표적인 철학자 존 그레이

(John Gray)가 자유민주주의, 세속적 진보주의, 신마르크스주의 등 모든 다양한 계몽주의적 낙관주의에 3연타를 날렸다. 첫째, 그는 인본주의적 진보를 믿는 자유주의 무신론은 "유대교와 기독교의 철 지난 꽃이고, 과거에는 대다수 무신론자들이 자유주의자가 아니었다"고 말한다.[30] (현대적 형태의 무신론은 교회가 없이는 꽃을 피울 수 없었다고 말해도 좋다. 그것은 최상의 기독교 진리에 붙은 기생충이거나 최악의 기독교적 행실에 반대하는 저항이다.) 둘째, 그레이는 많은 계몽주의 사상가들이 볼테르(Voltaire)와 데이비드 흄(David Hume)과 H. G. 웰스(Wells)와 줄리언 헉슬리(Julian Huxley)의 노골적 인종차별과 마거릿 생어(Margaret Sanger)의 끔찍한 우생학과 같은 엄청난 악을 저지른 잘못이 있었다고 주장한다. 셋째, 그는 세속주의와 지난 세기의 폭력과 억압 사이에, 그리고 계몽주의와 현대의 반유대주의 사이에 당혹스런 연결고리가 있음을 증명한다.

그레이의 결론은 도발적이면서도 인정사정없다. "당신이 무신론과 종교를 이해하고 싶다면 양자가 정반대라는 대중적 관념을 잊어버려야 한다.…현대 무신론은 다른 수단에 의한 유일신론의 연속선상에 있다. 그런즉 인류와 과학, 기술, 너무도 인간적인 초인본주의의 비전과 같은 신 대용품들이 한없이 이어지고 있는 것이다."[31]

비관주의 진영

비관주의 진영은 연대기적인 직선적 시간에 대해 오랫동안 더 암울한 평가를 내려 왔다. 만일 인생이 짧고, 우리가 단 한 번 살고, 시간이 알 수 없는 시작과 미지의 성공적인 끝과 주어진 의미가 없는 순간들의 연속에 불과하다면, 결국 어떻게 되는 것인가? 도대체 시작과 끝이 없는 이야기는 어떤 것인가? 만일 인생이 어떻게 시작했고 어디로 가는지 모른다면 인생 여정을 어떻게 보아야 하는가? 만일 우리가 어떤 영화를 중간의 단 몇 분밖에 보지 못하는 벌을 받았다면 영화관에 가는 것이 어떤 느낌일까? 우리는 기껏해야 추측만 할 수 있을 것이다. 이것이 바로 밀란 쿤데라를 동양의 관점과 니체의 관점 사이에서 고뇌하게 만든 딜레마다. 카르마와 "영원한 회귀"는 우리가 행위들을 영원히 반복하는 벌을 빋있기에 모든 행위가 숨 막힐 듯한 무게를 지니는 것을 의미하는데, 이와 반대되는 관점은 우리를 "참을 수 없는 존재의 가벼움"으로 이끈다. 쿤데라의 주인공인 토머스는 바로 이 제목이 붙은 소설에서 "만일 인생을 위한 첫 번째 예행연습이 인생 자체라면 인생은 얼마만큼의 가치가 있을까?"라고 묻는다. 결국, "우리에게 단 한 번의 인생밖에 없다면, 차라리 아예 살지 않은 편이 나을지도 모른다."[32]

우리는 우주에 궁극적 의미는 없지만 여하튼 탐구 자체는 적당한 의미가 있으며 헛수고가 아닌 것처럼 진심으로 가장해야 할까? 그런 무의미함과 절망스러움은 무엇이 다른가? 프랑스의 후기 인상파 화가 폴 고갱(Paul Gauguin)은 타히티섬에서 그린 유명한 그림에서 이러한 질문을 제기했다. **우리는 어디에서 오는가? 우리는 무엇인가? 우리는 어디로 가는가?** 오른쪽에서 왼쪽으로 보면 인생의 경과에 대한 그의 관점이 묘사되는데, 마지막이 죽음을 앞둔 늙은 여인과 낯선 새인 것은 언어의 무용성을 상징한다. 20세기 후반에는 아일랜드의 극작가 사뮈엘 베케트(Samuel Beckett)가 연대기적인 직선적 시간의 무의미함을 표현하는 시인이 되었다. 그의 〈고도를 기다리며〉(Waiting for Godot)라는 연극에 등장하는 두 방랑자 중 한 사람이 일찍이 그 연극에 안개처럼 가득 차 있는 무의미함을 잘 요약하는 진술을 했다. "할 일이 하나도 없다." 그런 무의미함의 산물은 자살이라기보다는 불치의 무기력증이다.

그보다 나중에 상연된 〈크라프의 마지막 테이프〉(Krapp's Last Tape)에서 베케트는 의미가 없는 연대기적 시간의 참화를 더욱 격렬하게 심화시킨다. 69세의 노인이 과거 20대와 30대의 젊은 시절에 녹음했던 테이프를 듣는다. 그는 그들을 전혀 알아볼 수 없다. 그는 다른 사람이 된 것이다. 그때의 그는 누구였고, 지금은 누구인가? 중요한 의미나 연속성 없이 그저 순간들만 끊임없이 흐르는 바람에 그의 인생과 그의 정체성은 산산조각이 나고 말았다. 순간순간이 무의미하게 이어지는 까닭에 그의 정체성은 시간

속에 뿔뿔이 흩어진 천 개의 점들로 부서지고 말았다. 사람들은 보통 "당신은 같은 강물에 두 번 발을 담글 수 없다"는 헤라클레이토스의 유명한 말을 절반만 이해한다. 당신이 다시 발을 담글 때는 강물만 달라지는 게 아니라 당신 자신도 이전과 동일한 사람이 아닐 것이다.

만일 순전히 연대기적으로 생각할 때 시간과 역사에 아무런 의미가 없다면, 셰익스피어의 맥베스가 전적으로 옳다. 인생은 "바보가 들려준 이야기"일 뿐이다. 또는 조지프 헬러(Joseph Heller)의 주인공 브루스 골드가 표현했듯이, "역사는 바람이 열어젖힌, 우연한 사건들이 무작위로 담긴 쓰레기봉투다."[33] 이러한 관점은 엘리아데가 언급한 무작위의 무의미한 "공포로서의 역사"를 상기시킨다. 비록 많은 사람이 이에 대해 생각하지 않아서 그런 결론을 피해 가기는 하지만 말이나. 순환적 시간을 믿었던 선조들은 비관적 결론을 내렸지만 적어도 현실적이기는 했다. 그와 달리 현대인들은 온통 우회적 완곡어법을 구사하며 현실 도피를 하곤 한다.

하지만 분명히 할 게 있다. 현대의 세속 인간들이 도피주의자가 되지 않을 수 없는 것은, 그 대안의 논리를 실제로 직면할 사람이 거의 없기 때문이다. 미술사가 존 버거(John Berger)는 세속적이고 연대기적인 관점에서 논평하면서 이상하게도 성경의 관점을 배제한다. 그는 우리가 "현대적인 절망의 종국"을 직면한다고 말한다. 이전의 세계관들에서는 "시간이 순환적이었고, 이는 '이상적인' 원초적 상태가 언젠가 되돌아올 것임을, 또는 회복될 것임을 의미했다.…엔트로피와 19세기 시간관과 함께, 우리는 단지 돌이킬 수 없는 것과 소멸에만 직면한다."[34]

머지않아 이런 시간관들 가운데 하나를 선택하는 일이 갑작스레 우리 각자에게 크게 닥칠 것이고, 그것은 삶과 죽음의 문제가 될 것이다. 인류와 시간에 관한 동서고금의 지혜를 좇는 이들은 장차 교차로에 도달할 것이다. 고대의 히브리 텍스트가 말하듯이, 해 아래서는 "헛되고 헛되며 헛되고 헛되니 모든 것이 헛되도다"(전 1:2). 짧고 짧은 숨. 짧고 짧은 숨. 모든 것이 짧고 짧은 숨일 뿐, 이후에는 아무것도 없다.

이 지점에서 우리는 어디에도 닿지 못할 세속적이고 연대기적인 길을 고수할 것인가, 아니면 동양의 길로 틀어서 우리가 피해야 할 환상에 불과한 이 영원히 순환하는 세상을 버릴 것인가, 아니면 성경의 언약적 시간관으로 돌아가 역사와 인간의 자유가 비할 데 없는 중요성을 얻게 되는 길을 선택할 것인가? 대조해 보면 명료해진다. 온 세상과 생활방식들이 이런 관점들로부터 나온다. 이 선택에 걸린 문제는 개인의 자유에 대한 우리 자신의 소망으로부터 자유로운 사회의 장래를 둘러싼 거대한 사안에 이르기까지 실로 엄청나다. 시간, 역사, 의미, 중요성, 문명의 특성 등 이 모든 것이 우리가 선택하는 견해와 세계관에 달려 있다.

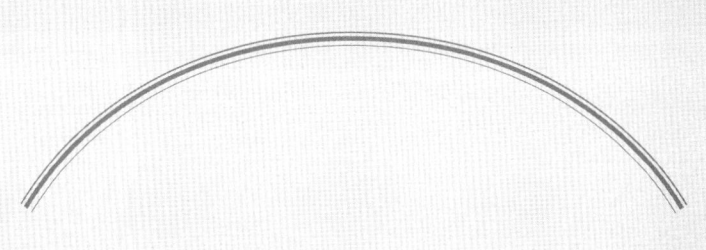

2.

빠른 자만 살아남는다

시계야말로 가장 강력하고 중대한 서구 세계의 발명품이다. 테크놀로지는 시계를 통해, 인간의 경험에서 시간을 빚어내는 주요한 자리를 신앙과 철학으로부터 빼앗은 것처럼 보인다. 시계는 근대 세계 자체뿐 아니라 근대 세계의 시간관을 이해하기 위한 필수 요소다. 그리고 현재는 이를 평가하기에 적절한 시기다. 오늘날과 같은 세계화 시대의 한 가지 이점은 시간을 바라보는 다양한 태도를 비롯하여 세계의 모든 문화를 더 잘 인식하게 되었다는 점이다. 무엇보다도 한 문화를 다른 문화들과 비교할 수 있게 되어, 이전에는 가능하지 않던 방식으로 세계의 각 문화를 조망할 수 있게 되었다. 예전에 각 문화는 고립되어 있었고, 하나의 생활방식이 거의 유일한 방식이자 그 문화가 아는 전부였다.

예를 들어, 서양과 이슬람에 대한 지식을 생각해 보자. 뉴욕을 겨냥한 9/11 테러리즘 직후의 몇 개월은 마치 서양과 이슬람의 관계에 관한 역사를 공부하는 집중 특강과도 같았다. 대중 스크린에 다양한 날짜들이 나타났다. 이슬람의 물결이 파리의 성문에 거의 도달했던 주후 732년 투르-푸아티에 전투, 1492년 스페인에서 무어인의 패배, 최후의 이슬람 군대가 빈을 포위했다가 격퇴된 1683년 9월 11일, 나폴레옹 장군이 이집트에 상륙해 이슬람 세계의 심장을 점령했던 1798년 등.

그런데 사실 근동 정복은 훨씬 이전부터 시작되었고, 침략자는 십자군이나 어떤 장군, 외교관이나 선교사도 아니었다. 흥미롭게도 그것은 서양의 기계였는데, 곧 "기계들의 어머니", 심지어 "궁극적인 선교 기계"라 불린 시계였다. 기계식 시계는 주후 1400년경 유럽에서 발명되었다. 시계는 근대 세계의 발흥에 중추적 역할을 했고, 따라서 그 세계 속에서 우리의 시간 인식과 근대 세계가 나머지 세계에 끼친 영향에도 중요한 역할을 담당했다. 아프리카에 "시계가 사람을 만들지 않았다"는 속담이 있다. 그러나 시계가 근대의 남자와 여자를 만드는 데 도구 역할을 했던 것은 분명하나. 시계는 세계화를 운반하는 살 알려진 코카콜라, 맥도널드, MTV 같은 것보다 훨씬 더 영향력이 클 뿐만 아니라, 근대적 시간이 우리에게 가하는 압력과 현재 및 미래를 바라보는 우리의 관점 배후에 있는 촉매제―또는 범인―이기도 하다.

대체로 이슬람 세계는 기계식 시계에 저항하면서 이를 천천히 받아들였는데, 중국이 시계를 단번에 환영했으나 사회 전체가 쓰는 도구가 아니라 황제의 장난감으로만 삼았던 것과 대조된다. 17세기 영국의 일기 작가 존 에벌린(John Evelyn)은 페르시아에는 "괘종시계도 회중시계도 없다"는 한 여행객의 말을 인용한다.

비교적 최근인 1947년에는 근동 지역을 여행하던 한 프랑스인이 자기를 초대한 집주인들의 충고에 따라 약속 시간보다 늦는 것을 원칙으로 삼았다고 말했는데, 그 충고란 다음과 같았다. "하늘은 너무 푸르고 해는 너무 뜨겁소. 그런데 왜 서두르시오? 왜 달콤한 삶을 해치는 것이오?"

세계화가 현대 서양의 시간관을 온 세계에 전파하는 오늘날, 전통과 현대의 대조적 관점은 서양 밖의 사람들이 제각기 표현한 수많은 말 속에 담겨 있다. 예를 들면, 필리핀 사람은 "서양인은 손목에 신들을 지닌 사람들이다"라고 한다. 스마트폰의 경우에는 "손바닥"으로 바꿔야겠지만 말이다. 케냐 사람들은 "서양인은 모두 시계를 갖고 있다. 아프리카인은 시간을 갖고 있다"고 한다. 우리가 만일 시계가 초래한 최악의 결과를 피하는 동시에 인간다움의 중요성을 거듭 주장하려면 바로 이 현대적 시간관, 곧 시계 시간을 이해해야 한다.

선택과 변화는 현대 세계의 중심이다. 제조 회사에서 판매 회사, 뷔페식 식사에서 슈퍼마켓과 쇼핑 목록에 이르기까지, 우리 앞에는 선택의 여지가 한없이 펼쳐져 있다. 그러니 시계에 관해서도 우리는 여러 선택안들에 너무도 익숙해진 나머지 선택의 여지가 없는 사안에 관해서는 알아채지 못한다. 당신은 롤렉스, 오메가, 또는 스와치 중 어느 것을 원하는가? 아날로그시계인가 디지털시계인가? 전통식인가 현대식인가? 자동 태엽 시계인가, 배터리 충전식인가, 태양열로 움직이는 것인가? 금시계를 원하는가, 스테인리스 시계를 원하는가? 알람 소리는 종소리가 좋은가, 음악 소리가 좋은가? 단번에 일어나기를 원하는가, 스누즈 기능이 있는 것을 원하는가? 시계가 당신의 혈압을 재고 하루 동안 걸은 걸음 수를 알려 주기를 원하는가?

이와 같은 영역들에서는 선택의 여지가 무궁무진하다. 전 세계의 광고를 보면, 온갖 종류의 시계에 대한 열정이 도처에 널려 있고 일부는 천문학적 가격을 지불할 의향도 있음을 알 수 있다. 돈과 유행에 달려 있을 뿐이다. 결국 선택은 현대 소비자의 타고난 권리다. 그러나 그런 선택들은 사실 현대식 시간의 사소한 얼굴에 불과하다. 이보다 훨씬 더 중요한 것은 우리가 선택할 수도 바꿀 수도 없는 특징들이다. 특히 좋든 나쁘든 현대식 시계 시간의 세 가지 특성은 우리의 삶과 사유에 결정적 영향을 미친다. 흔히 그렇듯이, 이기려면 상대를 잘 이해해야 한다.

정확성

현대식 시계 시간의 첫 번째 특징은 정확성이다. 시간과 공간은 우리 인간이 그 안에서 살며 움직이는 두 가지 기본 요소다. 따라서 시간 측정은 자연을 정복하고 세계를 통제하는 인간의 삶에 반드시 필요하다. 물론 시계가 발명되기 전에도 시간을 측정하는 방법들이 있었다. 그러나 오래된 측정 방법들은 대체로 주기적이고 종교적이었기 때문에 항상 부정확했다.

현대식 시간관 배후에는 중요한 세 가지 발전이 있다. 첫째, 관찰에 의존하는 음력에서 계산에 의존하는 양력으로의 전환이다. 둘째, 하루 단위의 자연스러운 시간 감각에서 주 단위의 인위적인 시간 감각으로의 전환이다. 셋째, 아침과 오후 같은 다소 포괄적인 인식에서 시와 분과 초 같은 더 정확한 인식으로의 전환이다.

기계식 시계의 발명은 근대 세계의 발흥에 결정적 역할을 했다. 시계 이전에 사용되었던 다양한 도구들은 모두 느리고 제약이 있었다. 예컨대, 해시계는 해가 없으면 무용지물이었다. 따라서 밤에는 쓸모가 없었고 낮이 짧거나 날씨가 좋지 않은 곳에서는 사용하기 어려웠다. 그리스인과 이탈리아인이 확실히 노르웨이인과 스코틀랜드인보다 더 유리했다. 물시계는 조금이라도 새거나 흐름이 불규칙해지면 부정확해지거나 아예 작동하지 않았다. 모래시계는 정확하게 1시간 이상을 표시하려면 마지막 모래알 하나가 위에서 아래로 떨어진 직후 정확하게 뒤집어야 했다.

이 모든 것이 시계 때문에 바뀌었다. 기계식 시계는 최초의 중요한 순금속 기계였을 뿐 아니라 모든 계절, 모든 날씨, 밤낮 관계없이 모든 시간을 위한 도구였다. 무엇보다도 시계는 탈진기라 불린 초기 장치의 기술이 진자로 대체되고, 17세기에 초(秒) 진자로 바뀌고(이로써 "똑딱똑딱" 소리가 생겼다), 그러다가 주 태엽으로,

끝으로는 수정시계와 원자시계로 바뀌면서 힘을 얻었다. 오늘날 과학자들은 시간을 초당 한 세슘 원자의 9,192,631,770회의 양자 진동까지 정확히 측정할 수 있다. (우리 동네 시계 가게에서는 100만 년마다 1초 이내로 정확성을 보장하는 시계를 판매하는데, 최신형 원자시계는 10억 년마다 1초 이내로 그 정확성을 보장한다.) 분명한 사실은, 시계야말로 인류 역사상 비할 데 없는 정확성을 보장하는 힘이라는 것이다.

광년으로든 나노초(10억분의 1초)로든 간에, 이제 우리는 온 우주의 어디서나 시간을 측정할 수 있다. 그 결과 전통적인 세계에서는 깜짝 놀랄 만한 짧은 순간도 정확하게 맞출 수 있게 되었다. 정확한 시간은 이제 보편적인 측정 도구이고 인류 역사상 가장 큰 혁신 가운데 하나다. 19세기 초 미국의 탐험가 루이스와 클라크는 각각 서부로 여행하면서 특정한 날짜에 특정한 장소에서 만나기로 약속한 뒤 그보다 9일이 지난 후에 마침내 만날 수 있었다. 그들은 그 시점이 "비교적 예정대로였다"고 묘사했다. 그런 부정확함은 예컨대 우주 정류장에서 도킹할 때는 참사를 불러올 테고, 상당히 불필요한 것이기도 하다.

현대인은 이런 정확성을 공기처럼 당연하게 여긴다. 우리가 몸담은 세계를 들여다보면, 변호사와 정신과 의사는 시간 단위로 비용을 청구하고, 전화 회사는 분초 단위로 요금을 부과하고, TV 방송국은 광고주에게 초 단위로 광고비를 책정하고, 올림픽 선수는 100분의 1초 단위로 이기거나 지며, 우주비행사는 나노초 단위로 삶과 죽음이 걸린 조종을 수행한다. 물론 얼마만큼의 정확성을 원하는지는 문화에 따라 다를 수 있다. 예컨대 스위스에서는 정확한 것을 원하지만 일부 남미 국가들에서는 정확한 것이 눈치 없는 행동이라 여겨 일부러 시간을 어긴다. 그러나 우리가 정확할 필요가 있고 또 정확하길 원한다면 언제든지 그렇게 될 수 있다. 정확성을 중시하는 현대 세계에서는 시간 엄수가 그 자체로 하나의 미덕이 되었고, 시간을 지키지 않는 것은 하나의 악덕이거나 자기 자신 또는 지위에 대해 암묵적으로 과시하는 행동이다.

조정

현대식 시계 시간의 두 번째 특징은 정확성이 낳는 중요한 결과인 조정이다. 시간의 조정은 자명하고 수월한 일처럼 보이며, 누구나 예상할 수 있듯 협정 세계시(Coordinated Universal Time)는 오늘날 방대한 관료적 방식으로 중심적인 통제를 받는데, 그 주체는 파리 근처 세브르에 소재한 국제 도량형국이다. 세계화 시대에 1초는 파리, 뉴욕, 베이징, 요하네스버그, 리우데자네이루 등지에서 모두 똑같은 1초여야 하고, 미터와 킬로도 마찬가지다. 그런데 그런 조정과 그런 "정확한 시간"은 극히 최근의 개념이다. 세네카는 시간의 원초적 다양성을 다음과 같이 표현했다. "시계들 간의 일치보다 철학자들 간의 합의가 더 빠를 것이라고 기대할 수 있다."[1]

잠깐만 생각해 보더라도 정확한 시간 감각이 과학 기술에 필수적이라는 것은 분명하다. 그뿐 아니라 일상생활에도 큰 영향을 미치는데, 무엇보다도 일상사를 계획하고 조정하는 일에서 그렇다. 일상생활에서 가장 좋고 가장 기본이 되는 것은 대체로 다른 일들과 타이밍을 맞추는 것에 따라 결정된다. 아침에 일어나기, 친구 만나기, 약속 지키기, 비행기 타기, 마감 지키기, 배달 기다리기, 뉴스 시청하기, 또는 결혼식에 제시간에 도착하기 등이다. 어떤 고대 종교의 신봉자라도 "우리 손목에 있는 신들"(또는 우리 손바닥 위의 신들)에게 즉각 순종해서 이 약속에서 저 약속으로 항상 정신없이 뛰어다니는 우리 현대인에게는 결코 필적할 수 없을 것이다.

서구 세계의 중요한 특징 중 하나는 "다성 음악"(polyphony)이라고 한다. 이는 통일성과 다양성의 균형을 맞추고 공통 목적을 위해 여러 다양한 부분들을 섞음으로써 이루는 조화를 말한다. 그런 다성 음악은 서구의 음악(합창 같은), 정치(법 아래의 다양한 정당들), 스포츠(동일한 규칙 안에서 서로 경쟁하는 경쟁자들) 등에서 발견된다. 그런데 이런 조정의 핵심 요소는 바로 시계 시간이다. 시계 시간의 정확성이 현대 세계의 계획, 일정, 시간표, 물류 등을 가능하게 해 주기 때문이다.

근대 세계의 발흥 이전에 서로 다른 마을과 소도시와 큰 도시들은 오늘날 우리가 말하는 동일한 시간대 내에 있었지만 자기들만의 고유한 시간 감각으로 행복하게 살았다. 그러나 산업 시대 초창기부터 상황이 변하기 시작했다. 시간 조정이 확산되고, 그 최고의 상징이 바로 철도 및 철도 시간표였다. 갑자기 19세기 세계가 폭발했다가 동시에 수축했다. 온 대륙들이 철도 선로라 불리는 소통의 선들로 교차되었고, 작은 증기 엔진들이 거대한 역 시계와 무거운 철도 시간표에 따라 왔다갔다 부지런히 달렸다. 예컨대, 스위스 열차들은 항상 스위스 회중시계의 매끄러움과 효율성과 깔끔함과 나란히 달렸다. 개인의 시계를 스위스 열차에 맞춰도 될 정도였다. 그 열차들의 조정은 너무도 매끈하고 효율적이어서 정확한 조정의 최고 기준을 대표했다.

오늘날에는 공항이 종종 역을 대체하고, 역장과 시간표의 역할을 컴퓨터가 떠맡으며, 원자의 정확성이 빅토리아 시대의 묵직한 시계를 폐기했고, 우리는 "접근", "연결성", "네트워킹" 같은 용어들에 파묻혀 버렸다. 그럼에도 일이 잘 풀릴 때면 여전히 "시계장치처럼 잘 돌아간다"고 말한다.

압력

현대식 시계 시간의 세 번째 특징은 우리가 가장 잘 인식하는 것이자 조정에 의해 강화되는 것, 즉 압력이다. 현대적 삶의 전성기인 오늘날, 시계에 쫓기는 세계 속에 시간은 너무나 정확해지고 조정된 나머지 우리를 둘러싸고 앞뒤로 밀고 당기며, 위에서 누르고 사방에서 압박한다. 우리 손목에 있는 신들은 샤를 보들레르(Charles Baudelaire)의 말대로 "불길한 신"이 되고 말았다. 19세기의 그 프랑스 시인이 "시계"(The Clock)라는 시에서 항의한 것처럼, "시간당 3,600번이나, 초는 속삭인다 — 기억하라!"

원한다면 우리는 여전히 "시간 죽이기"(killing time) 또는 "징역살이"(doing time)란 말을 사용할 수 있다. 시간의 경과만을 놓고 보면 전자는 자발적 시간 보내기를, 후자는 비자발적 시간 보내기를 의미한다. 그러나 우리 대부분은 시간을 그렇게 대하지 않는다. 어린 시절이 지나면 시계가 너무 느리게 가는 경우는 드물고, 너무 빨리 가는 경우는 허다하다. 물론 소수의 날카로운 관찰자들은 측정된 시간이 미치는 영향을 간파하고 일찍이 이에 저항했다. 예를 들어, 로마의 극작가 플라우투스는 주전 200년에 이렇게 썼다. "신들은 시간 구별하는 법을 처음 발견한 사람을 저주한다! 아울러 이곳에 해시계를 처음 설치해서 나의 날들을 그토록 비참하게 작은 단위들로 잘라 난도질한 사람 역시 저주한다."

그로부터 2천 년이 흐른 지금 우리도 그 시인의 불평에 충분히 공감할 수 있다. 시간에 쫓기는 삶은 우리의 일상이다. "시달리고 허둥지둥하는" 모습이 현재 우리의 생활방식이다. "초조해하고 안달복달하는" 모습이 우리의 만성적 상태가 되었다. 시계가 발명된 지 6세기가 지나자, 시간 준수라는 개념은 완곡한 표현이 되고 시간 절약이라는 개념은 하나의 농담이 되고 말았다. 시간 할아버지(Father Time)의 똑딱똑딱 소리는 우리로 하여금 인생의 연병장을 가로지르게 몰고 가는 훈련 교관의 배경으로 깔리는 북소리와 날카로운 고함 소리가 되어 버렸다.

우리가 연중무휴로 살아가는 바쁜 세상에 몸담고 있는 것은 놀랄 일이 아니다. 1751년 소설가 헨리 필딩(Henry Fielding)은 최초로 "시간은 돈이다"라고 썼다. 오늘날 시간은 큰돈이자 진귀한 돈이다. 그래서 우리는 **시간을 사고, 시간을 최대한 활용하고, 질 높은 시간**을 보내려 애쓴다. 우리는 모든 행동의 기회비용을 계산한다. 우리는 멀티태스킹에 익숙하다. 우리는 삶을 최대한 쥐어짜서 여분의 몇 초까지 활용한다. **분할 스크린 뉴스**를 통해 많은 정보를 입수하고, **통화 대기 광고**로 비어 있는 몇 초를 채우고, 공무원들이 부과하기 좋아하는 시간에 대한 원치 않는 세금을 면제받으려고 **전문 줄서기꾼**을 고용한다. 그런 세상에서는 효율성이 최고의 미덕이며 1분 1초가 "현대 생활의 화폐"다.[2]

현대 세계의 빠른 생활의 빠른 줄에 서 있는 사람들에게는 삶이 정면으로 포화를 퍼붓는 것 같다. 모든 일이 한꺼번에 발생하는 것처럼 보이고, 우리는 이를 기대할 뿐 아니라 아드레날린이 분출하면 이를 요구하기도 한다. 변화는 끊임없어야 하고, 목소리는 무례하게 붙잡아야 하고, 가게와 식당에서 트는 음악은 요란해야 하고, 가장 최근의 것은 더 최신의 것으로 즉각 대체되어야 한다. 이 모든 것이 너무 자연스러워진 나머지, 많은 사람은 다사다난한 상황을 필연으로 받아들이며 주의력 결핍 장애가 흔해졌다.

시간과 동작 전문가들은 가능만 하다면 우리의 하루하루를 초 단위까지 합리적으로 다뤄서 우리가 더욱 효율적이고 생산적이 되도록 만들고 싶어 한다. 심지어 여가 시간까지도 말이다. 대량 생산 시대의 초기에 헨리 포드(Henry Ford)는 이상적 노동자란 "매초를 꼭 필요한 일에 보내고 단 1초도 불필요하게 쓰지 않는 사람"이라고 말했다. 그는 관대한 것인가 가혹한 것인가? 이는 꼭 필요하다고 믿는 것을 판단하는 기준에 달려 있는데, 바로 효율성이라는 기준이다.

이 모두는 시간에 대한 현대적 태도의 저변에 압력, 압력, 압력이 있다는 의미다. 패스트푸드가 너무 많아지면 슬로푸드 운동이 일어나고, 정신없이 바쁜 삶은 명상과 요가와 마음 챙김 같은 휴식 활동을 급증하게 한다. 그러나 후자는 반작용이고 기분 전환일 뿐이지 해결책은 아니다. 쉴 새 없이 몰려오는 빠른 생활의 급류 속으로 다시 뛰어들기 전에 우리가 잠시 숨을 고르게 도와줄 뿐이다.

시간은 오늘날 삶의 궁극적 신용카드이고, 속도는 보편적인 소비 방식이며, '빠를수록 좋다'는 삶의 이상적 속도다. 이를 광기든, 우리 시대의 저주든, 긴급함의 독재든, 부르고 싶은 대로 부르라. 그러나 설사 당신이 여기서 뛰어내리고 싶어도 오늘날 세상을 멈추는 일은 불가능하다. 이 미친 속도는 우리의 혈압에 영향을 미치고 우리의 일상 경험을 형성할 뿐 아니라, 카르페 디엠의 의미와 어떻게 "오늘을 붙잡아야" 할지, 그리고 어떻게 짧은 생애를 최대한 선용할지에 대한 우리의 이해에 도전을 가한다.

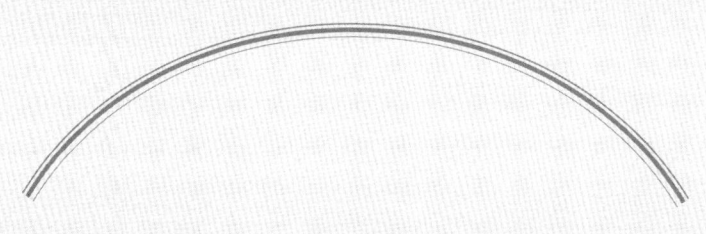

3.

시간의 은밀한 독재

조지 오웰(George Orwell)이 이렇게 말한 적이 있다. "우리는 이제 명백한 것을 재진술하는 일이 지성인의 첫째 의무가 된 밑바닥까지 가라앉았다." 이런 의미에서 2장은 우리가 이미 본능적으로 알고 있는 것을 글로 표현했을 뿐이다. 정확성, 조정, 압력 같은 현대의 특징들은 일단 멈춰서 생각해 보면 자명한 것들이다. 그럴 시간이 없어서 그러지 못하지만 말이다. 현대 세계에서 시간은 우리를 둘러싸고 있을 뿐 아니라 사방에서 우리에게 달려드는 것이며, 우리를 연타하고 우리의 날들을 통제하지만 파악하기 어려운 것이다.

이러한 현대의 빠른 생활을 묘사하는 것도 어느 정도 가치가 있겠지만 우리는 더 나아가야 한다. 현대적 시간관에는 우리가 철저히 조사해야 할 심층적인 특징들이 있다. 이는 우리가 앞서 살펴본 특징들만큼 명백하진 않지만 그와 똑같이 중요하다. 사실 이것들이야말로 우리 시대 시간의 진정한 독재 행위이며, 특히 독립적으로 생각하고 온전하게 살고 싶은 이들에게 중요하다.

꼬리표를 붙이는 능력

현대적 시간관의 심층적인 첫째 능력은 실재에 꼬리표를 붙여 이를 규정하고 형성하는 능력이다. 단어는 우리가 실재에 부착하는 손잡이 또는 꼬리표다. 단어가 큰 영향력이 있는 이유는 우리가 사물을 부르는 방식이 사물을 보는 방식을 형성하기 때문이다. 무언가를 자주 부르다 보면 결국 그런 식으로 보게 된다. 머지않아 놀랍고 특이한 것은 평범하고 자명한 것이 된다. 별명을 부르거나 욕설을 하는 것도 그러한 예다. 단어는 힘을 발휘한다. 누군가를 "키다리"나 "멍청이"라고 부르면서 그가 비만해지거나 총명해지기를 기대하지는 않을 것이다. 무언가를 자주 불러 보라. 그러면 결국 우리는 그것을 그렇게 보게 될 것이다.

시간에 대해 말할 때 쓰는 단어들도 마찬가지지만, 이런 표현이 더 강력한 힘을 발휘하는 이유는 간과되기 때문이다. 일상 언어에 뿌리박힌 표현들이 우리의 시간관을 형성하고, 따라서 시간 자체에 대한 우리의 경험을 지시하고 주조한다. 예컨대, 시계의 가장 강력한 한 가지 결과는 우주를 하나의 거대한 시계로 보게 만든 것이다. 17세기의 과학자 로버트 보일(Robert Boyle)의 말을 빌리자면, 근대 과학의 초창기에 우주는 "하나의 거대한 시계 장치"였다. 현대의 관점들이 초기 근대의 관점을 대체하긴 했지만, 시계 및 시계 시간이 잠재의식에 미친 강력한 영향은 여전히 우리의 언어를 통해 우리의 실재관을 형성하고 있다. 특히 두 가지 사항을 들 수 있다.

공간에서 시간으로

하나는, 한때 공간을 가리켰던 단어들이 이제는 시간을 가리키게 된 것이다. 예를 들면, '문명화되다'(civilized)라는 단어는 그 핵심에 공간적 요소가 있었다. 문명화된 것과 문명화되지 못한 것을 구별하는 열쇠는 공간적으로 '넘어서다'(beyond)라는 개념이었다. 어떤 집단이 스스로를 문명화되었다고 보았다면, 그 사회의 테두리 너머에 있는 이들은 문명화되지 못한 것이었다. 그들은 "울타리 너머에" 있었다. 가장 유명한 예는, 그리스인들은 스스로를 문명화된 사람들로 본 반면 그 계몽된 사회의 울타리 밖에 있는 모든 이들은 야만인으로 취급했다는 사실이다.

이 측정 기준이 시계 및 시계 시간의 부상으로 완전히 바뀌었다. 문명화되지 못한 것은 더 이상 공간적으로 그 너머에 있는 것이 아니라 시간적으로 그 뒤편에 있다. 그들은 더 이상 야만인이 아니라 원시인, 반동주의자, 구석기 시대 사람이다. 측정 수단은 이제 마일과 경계선이 아니라 연도와 기간이 된다. 새 천년으로 바뀌는 시점에 광고주들이 연대기적 우월 의식을 뽐내는 쇼에 나와서는, 지난 것을 조롱하는 말투로 "그거 너무 20세기적이네요" 했던 것과 같다. 좀더 진지한 예를 들자면, 자유주의의 위대한 옹호자인 존 스튜어트 밀(John Stuart Mill)은 자유를 "성숙한 능력을 지닌 인간들"에게 국한시키고, 따라서 어린이와 "후진적 사회"를 배제했다.[1] 더 치명적인 예를 들자면, 볼셰비키들은 시간을 사람들을 몽땅 평가 절하하는 기준으로 삼았다. 1918년 1월 소련의 건국 문서였던 "노동 피착취 인민의 권리 선언"에서 레닌은 옛 체제의 생존자들을 "예전 사람들"로 부르며 그들의 권리를 빼앗고 숙청했다.[2]

한때 공간을 가리켰으나 이제는 시간을 가리키는 단어의 또 다른 예로는 '진보'(progress)가 있다. 이 단어는 예전에는 공간을 지칭했으나 지금은 거의 언제나 시간을 지칭한다. 존 버니언(John Bunyan)의 "천로역정"(pilgrim's progress)은 하나의 여정을 의미했고, 왕의 진보(king's progress)는 길을 따라 걷는 왕의 행렬을 의미했다. 즉, 과학적 발견이나 실력 향상이나 성숙보다는 축제 차량의 움직임이나 대형 백화점의 추수감사절 퍼레이드에 더 가까웠다. 지금은 물론 전자의 의미가 더 흔한 편이다. '진보' 및 '진보적인'과 그 반대어인 '반동적인'(reactionary), '한물간'(passé), '구식의'(old-fashioned) 같은 단어들은 과학과 기술과 시민권 등의 분야에서 전진 또는 후퇴를 가리킬 가능성이 더 많고, 항상 공간이 아닌 시간적인 움직임을 언급한다. 이것이 정치와 신앙의 영역에서 결정적 문제가 된 것은 진보를 당연히 자동으로 긍정하기 때문이다. **진보의 깃발 아래 제안된 것의 내용과는 상관없이** 그렇게 되었다. 현대인에게는 진보를 주장하기만 해도 충분한 논증이 된다.

묘사가 아닌 평가

둘째로, 시계 및 시계 시간이 잠재의식에 미친 강력한 영향은 언어가 묘사의 탈을 쓴 채 슬그머니 평가하는 경우다. 이런 언어는 묘사하는 체하지만 실은 칭송하거나 비난한다. 앞의 예들을 보면 명백해진다. '진보'는 전진을 묘사한다고 주장하지만 전진을 좋다고 선언하기도 한다. 평가가 묘사와 뒤섞여 있고, 이를 철회하기란 불가능하다.

진보주의에 찬동하는 사람들에게―어떤 의미에서 테크놀로지는 우리를 진보주의자로 만든다―진보는 당연히 좋고, 항상 좋고, 자명하게 좋고, 틀림없이 좋다. 반동은 당연히 나쁘다. 계몽주의 신조가 낳은 진보 신화에 따르면, 세상은 갈수록 더 좋아지고 있다. 오늘 있는 것은 무엇이든 옳을 뿐 아니라 어제 있었던 것보다 훨씬 더 낫다. 그리고 물론 앞으로 있을 것이 무엇이든, 틀림없이 그것이 훨씬 더 나을 것이다. '진보'라는 단어가 그렇게 되게 하고 그렇게 말한다. 우리는 생각해 보라는 요청을 받지 않는다. 우리에게는 스스로 판단할 기회 또는 기준조차 주어지지 않는다. 만일 어떤 것이 진보적이라면, 그것은 당연히 좋을 수밖에 없다. 만일 어떤 것이 반동적이라면 명백히 나쁘고, 그것으로 끝이다. 논의 끝.

은밀히 스며든 판단이 발휘하는 동일한 능력은 역사적 시기를 묘사하는 말에서도 느낄 수 있다. 예를 들어, 근대 초기에 처음으로 암흑시대, 중세, 근대와 같은 표준적인 꼬리표들이 사용되었다. 이들 시대에 관해 역사학자만큼 알지 못하는 우리에게는 시사하는 바가 명백하다. 즉, 앞선 시대에는 가치 있는 것이 거의 없었고, 두 번째 시대의 가치는 모든 발전의 절정인 근대로 이끈다는 점에 있다는 것이다.

달리 말해, "모든 길이 로마로 통하는" 것처럼 역사의 모든 시기는 지금의 우리를 가리킨다는 것이다. 우리가 바로 역사의 절정이 아닌가? 이 말을 계속 반복하면 그 능력이 우리로 그것을 믿게 만들 것이다. 아니, "더 새로운 것이 더 참되고" "최신의 것이 가장 위대한 것"이라면, 이 세대에 몸담은 우리가 역사의 완결체임이 틀림없지 않은가? 우리가 역사의 정점이므로 '지금까지'라는 수식어는 잊어도 좋다. 분명히 역사의 목적은 바로 우리이고, 현재는 우리 자신을 위해 샴페인을 터뜨려 건배할 시점이다.

추정

현대적 시간관의 숨겨진 둘째 결과는 추정이다. 시간에 관한 현대적 언어에는 선호와 편견이 붙박여 있는데도 그 선호도는 진술되지 않고 그 편견은 논의되지 않는다. 황제가 쓴 칙서가 제국 안에서 절대적인 것처럼, 현대적 시간의 독재는 검토 없이 그 지배 안에 있는 모든 사람에게 그 관점과 선호를 강요한다. 그것은 확실히 그리고 의문의 여지 없이 사물을 보는 이런 방식이 바로 사물이 실제로 존재하는 방식이라고 간주한다.

'진보', '진보적인', '진보주의' 같은 단어들은 꼬리표를 부착할 뿐 아니라 추정하는 분명한 예들이다. 말할 필요도 없이, 만일 진보를 판단할 수 있는 기준에 대한 명확한 관념이 있다면 그런 용어들은 완전히 타당하다. 이 경우에는 진, 선, 미, 정의, 성숙 등의 어떤 개념들을 가정하고 또 요구하기 때문이다. 사람에 따라 다르긴 하겠지만, 그런 기준이 있다면 사람들이 진보로 여기는 것과 하락 또는 퇴보로 여기는 것을 판단할 수 있다. 반면에 기준이 전혀 없다면, '진보적'이라는 개념은 금세 우주론적 신화가 되고 만다. 사실 그런 우주론적 신화는 고대 세계의 신화들이나 마찬가지다.

오늘날 정치 영역에서 '진보적'이라는 용어는 옳든 그르든, 지혜롭든 어리석든, 실질적이든 유토피아적이든 상관없이 어떤 정치적 입장에든 그 문을 활짝 열어 주는 마법의 암호가 되곤 하는데, 보통은 명확한 기준을 가진 경우가 매우 드물다. 그래서 '진보적'이라는 용어는 포스트모더니즘, 정치적 올바름, 사회주의, 사회적 구성주의, 문화 마르크스주의, 성 혁명 같은 것을 위한 별명이자 알리바이다. 그들이 진보적이라면, 도대체 누가 그들에 대해 굳이 생각할 필요가 있을까? 이 용어 자체는 (탄탄하고 자명하며 입증된 것으로 여겨지는) 계속되는 진보에 대한 계몽주의적 신념의 명성과 운명을 같이한다. 일부 옹호자들(좌파)은 진보가 국가를 통해 이루어진다고 보고, 다른 옹호자들(중도파나 우파)은 시장을 통해, 또는 (모든 사람, 무엇보다도 엘리트층은) 과학 기술을 통해 이루어진다고 생각한다.

사회학자 피터 버거(Peter Berger)가 "신성한 덮개"(sacred canopy)라 부른 것을 고대 세계에서는 바빌론의 마르두크 신앙, 제우스와 아폴론과 아테나를 믿는 그리스의 신앙 같은 다양한 우주론적 신화들이 제공했다. 하지만 오늘날에는 진보주의가 세속 좌파의 신성한 덮개가 되었다. 고대에는 다양한 우주론적 신화들이 개개인을 "신들의 대리인"으로 여겨 그들에게 힘을 실어 주었다. 현대의 세속 좌파의 경우, 진보적 신화가 그들이 "역사의 옳은 편"에 있기 때문에 행하는 일이 무엇이든 정당화된다고 말해 준다.

하지만 앞서 강조했듯이, 계속되는 진보에 대한 계몽주의 신념은 더 이상 신빙성이 없다. 그 신념은 진흙탕에 빠졌고, 20세기에 벌어진 홀로코스트나 양자 세계대전, 집단 학살을 예방하는 데는 속수무책이었다. 기대했던 진보가 전반적인 인간의 진보였든 경제적 발전의 꿈이었든 간에, 젊은 세대의 눈에 띄는 욕구불만과 냉소주의는 다음과 같은 쓰디쓴 결론에서 나온다. 곧 약속된 미래가 과거보다 낫다는 보장이 없음에도 '진보적'이란 말이 여전히 자명한 용어로 과시되고 있다는 것이다.

현재 사용되는 이 용어들은 이처럼 그 토대가 약할 뿐만 아니라 이론적 결함도 안고 있다. 이번에도 그 내용과 상관없이 그렇다. 첫째, "진보"에 대한 주장은 성경적 시간관과 소망에 붙은 기생충이었고, 이 때문에 진보주의자들은 그들이 주장한 진보에 대한 판단 기준을 제공하지 못했다. '진보'라는 단어는 긍정적 의미를 내포하고 있지만, 진보적이라는 용어가 쉽게 **역행적**이 될 수 있는 것은 그것이 확장된 상태인 일부 "업적들"이 개인의 자유와 관련해서는 전진이 아니라 한 걸음 후퇴했기 때문이다. G. K. 체스터턴(Chesterton)은 "진보는 단지 우리가 그 최상급을 결정하지 않은 것의 비교급일 뿐이다"[3]라는 말로 이 내재적 문제를 지적했다. 이와 비슷하게 T. S. 엘리엇(Eliot)은 "진보적으로 거꾸로 나아가는 시대"[4]에 관해 진술한 적이 있다. 존 그레이는 인본주의의 진보관이 정확히 유대교-기독교적 관점에 기초하고 있다는 의미에서 세속적 인본주의를 "신성한 유물"로 묘사하기까지 한다. "인간이 점차 진보하고 있다는 믿음은 현대 인본주의의 주된 주장이다. 하지만 그것을 유일신 종교에서 떼어 낸다면 그것은 거짓이라기보다는 무의미해진다."[5]

둘째, '진보적'이란 용어는 곧바로 일종의 자화자찬이 된다. 그레이가 고발하듯이 "세속 사상가들이 인류의 이야기는 진보의 이야기라고 말할 때 그들은 바로 자신들이 그 진보의 구현체라며 스스로를 치켜세운다."[6] 오귀스트 콩트(Auguste Comte)가 말한 "유기적 사회"에서 카를 마르크스의 "공산주의", 허버트 스펜서(Herbert Spencer)의 "최소 정부", 프랜시스 후쿠야마(Francis Fukuyama)가 말한 "역사의 종말"로서의 자유민주주의에 이르기까지, 그들은 하나같이 스스로를 역사의 절정으로 자화자찬했고, 따라서 역사가 그들이 선호한 사회 형태의 극치에 도달했다고 선언했다. 그런데 오히려 역사는 그들을 궁지에 빠뜨리고 수치스럽게 했을 뿐이다.

셋째, 대다수 진보주의자들에게는 진보주의가 스스로를 정당화하는 데 필요한 철학적 가정(假定)들이 결여되어 있다. 그들의 가정들이 종종 그들을 배신한다. 오바마 전 대통령을 비롯한 미국의 많은 진보주의자들이 종종 인용하는 마틴 루서 킹의 말이 있는데, 그 문장은 원래 19세기 시어도어 파커(Theodore Parker)가 쓴 것이었다. "도덕적 우주의 궁형(弓形)은 길지만 정의 쪽으로 휘어져 있다." 그러나 1965년 2월 할리우드의 이스라엘 회당에서 토라에 의거해 설교할 때, 킹은 이 어구를 사용하면서 많은 사람에게 그린 자신만만한 진보관을 뒷받침할 만한 가정들이 없다고 지적했다. 그들의 진보 개념은 킹이 소로(Thoreau)를 인용하며 "개선되지 않은 목적을 위한 개선된 수단"[7]이라고 공격했던 관념보다 나을 게 없다. 좌파 진보주의자들이 자기들이 "역사의 옳은 편"에 있다고 힘차게 주장하며 대적을 "역사의 쓰레기통"에 던져버릴 때, 그들은 과거나 현재 어느 때에 근거해서도 그들의 주장을 정당화할 수 없다. 사실 진보주의자들 주장의 신빙성은 UN에서 니키타 흐루쇼프(Nikita Khrushchev)가 화를 내며 발로 연단을 쾅쾅 치면서 "좋든 싫든 간에 역사는 우리 편에 있소. 우리가 당신네들을 묻어 버릴 것이오!"라고 외쳤던 것보다 나을 게 없다.

넷째, 진보주의는 종종 유일신론으로부터 절대적이고 공격적인 진리관을 가져오지만, 보통 그것의 좋은 가치들이나 교정책은 빠뜨린다. 그레이의 가차 없는 경고를 다시 보자. "진보의 이야기에 맞지 않거나 맞추길 거부하는 생활방식은 어떤 것이든 인간 이하의 것으로 간주될 수 있고, 역사의 변두리로 추방되었다가 사멸에 처해질 수 있다."[8] 나치즘과 공산주의가 이에 대한 명명백백한 예를 보여 주는데, 서구의 많은 좌파 운동들의 수사에 그와 똑같은 불관용적인 관용의 논리가 담겨 있다. 그레이는 "유일신론이 자유주의적 가치들을 탄생시켰다면, 그 신앙의 공격적인 세속적 유형은 그런 가치들의 종말로 안내할 것이다"[9]라고 결론짓는다.

물론, 시절이 좋을 때는 진보적 태도 자체가 그 근거보다 더 강한 매력이 있다는 것이 소망의 능력이다. 그리고 정치에 영향을 주는 것은 진보적 태도, 특히 과거에 대한 경멸로 넘쳐흐르는 오만이다. [트루먼 대통령 시절] 미국의 국무장관이었던 딘 애치슨(Dean Acheson)이 어떤 저명한 유럽인에게 진술한 내용은 그런 편견을 완벽하게 요약해 주고 장차 진보주의가 어떻게 아메리카 공화국에 독배가 될 것인지를 잘 드러냈다. 그는 이렇게 말했다. "뒤돌아보면 내가 다뤄야 했던 가장 심각한 문제는 이 원자 시대에 조그만 18세기 농부 공화국의 헌법을 짊어진 세계적 강대국의 외교정책을 조종하는 것이었다."[10]

그로부터 한 세대가 흐른 후 진보의 문제는 미국에서 더욱 악화되었는데, 많은 이들이 미처 인식하지 못했지만 "진보"를 판단하는 기준이 결정적으로 바뀌었기 때문이다. "격동의 60년대" 이후 많은 좌파 진보주의자들이 홍보하는 사상은 1776년 미국 혁명의 사상과 이상보다는 1789년 프랑스 혁명과 그 후예들에게 더 빚지고 있다. 이렇듯 미국의 너무나도 많은 대중 지식인들은 그들 자신의 위대한 자유 실험이라는 뿌리와 충돌하고 있다. 그들 중 일부는 자기가 추구하는 서로 다른 견해들을 잘 알고 있으나, 다른 이들은 자신들이 어떻게 『지식인의 배반』(Trahison des clercs, 이제이북스) 최신판이 되었는지도 모른다.

어째서 "배반"인가? 너무 센 단어이긴 하다. 우리는 역사상 최초의 공식 사회 비평가가 이스라엘에서 그리고 역사에서 가장 초창기의 "권력 분립"에 핵심 역할을 했던 히브리 선지자들이었음을 기억할 필요가 있다. 왕의 권력과 제사장의 권력의 대척점에 섰던 선지자들은 이중 과업을 갖고 있었다. 첫째, 긍정적으로 그들은 국가로 하여금 이스라엘의 건국 헌법이었던 언약의 이상과 조건으로 되돌아가도록 촉구할 책임이 있었다. 둘째, 부정적으로는 왕과 제사장, 백성과 거짓 선지자를 막론하고 온갖 형태의 권력 부패에 도전할 책임이 있었다.

선지자들의 이중 소명은 유대 민족의 고유한 특성과 그 존재가 이어지는 데 매우 중요했으며, 오늘날에는 대중 지식인들에게 이와 유사한 책임이 있다. 이들의 책임은 국가가 각자의 이상에 걸맞게 살도록 촉구하고 그런 이상이 타락할 때는 도전하는 것이다. 거짓 선지자들이 이스라엘에 치명적인 결과를 초래했듯이, 오늘날 특정 유형의 진보적 지식인들은 무척 위험하다. 이스라엘의 거짓 선지자들은 언약에 근본적으로 충성하지 않았고, 그들의 사역은 부패와 불의를 강화하는 결과를 초래했다. 그들은 단순히 경로를 벗어난 게 아니었다. 그들이 이스라엘의 지속적 존속에 치명적이었던 이유는 이스라엘 민족이라는 특성에 대한 다른 견해를 부추겼기 때문이다. 이와 마찬가지로, 미국에서 특정한 진보적 공공 지식인들이 위험한 이유는 미국 혁명 및 그 독특한 자유관과는 완전히 다른 것에 충성하기 때문이다.

여기서 배울 수 있는 교훈은 '가치', '자유', '진보', '변화'와 같은 단어들의 단순 반복에 현혹되어서는 안 된다는 점이다. 중요한 것은 누구의 가치관인가, 자유의 뜻이 무엇인가, 진보는 어떻게 규정되며 진보를 판단할 기준은 무엇인가 등이다. '변화'라는 용어는 '진보'라는 용어만큼 기만적일 수 있다. 현대 세계는 변화에 긍정적인 편견이 있기에, 이 용어는 종종 빈약한 변화나 심지어 변화를 위한 변화를 가리킬 때도 있다. 그런데 변화의 세계에서는 어떤 종류의 변화든 "좋고" "진보적"이라는 평을 받는다. 그리고 약간이라도 변화가 있다면, 우리는 새것을 기뻐하고 옛것과의 연속성을 경시하며 그 변화를 정당화하거나 평가할 필요성을 무시한다. 그 변화는 더 좋은 쪽인가 더 나쁜 쪽인가? 이런 질문은 부적절하다. 중요한 것은 변화밖에 없다. 진보는 변화이고 변화는 진보이며, 이게 전부다.

유토피아주의는 그런 미검토된 가정으로 잔뜩 부풀려져 있다. 예컨대, 18세기의 고전 『로마제국 쇠망사』(*The History of the Declien and Fall of the Roman Empire*, 책과함께)의 저자인 에드워드 기번(Edward Gibbon)은 이런 유명한 주장을 폈다.

> 자연의 힘이 변하지 않는 한, 어떤 민족도 본래의 야만주의에 다시 빠지지 않을 것이라고 가정하는 편이 안전하겠다.…우리는 그러므로 각 시대가 인류의 진정한 부, 행복, 지식, 어쩌면 미덕까지도 증가시켰고, 여전히 증가시키고 있다는 즐거운 결론을 받아들여도 좋다.[11]

당대의 모든 선량한 계몽주의 사상가들처럼, 기번 역시 유리잔이 언제나 가득 차 있다고 확신했다. 결국 이성과 "자연의 힘"이 그 메시지를 공포했으니, 그로서는 괴테(Goethe)와 칸트를 자랑하던 교육받고 교양 있고 고도로 문명화된 독일이 어떻게 히틀러와 힘러와 하이드리히와 아이히만의 야만적인 독일이 될 수 있는지 도무지 알 수 없었을 것이다.

역사적 사실과 존 그레이 같은 사상가들의 줄기찬 현실주의는 오늘날 그런 순진한 생각을 허용하지 않는다. 기번은 프랑스 혁명 후에 공포 정치가 이루어지던 1794년에 죽었는데, 이는 홀로코스트 이전 시대 악의 축약판으로 간주되는 대참사였다. 적나라한 사실은 공포 정치와 홀로코스트 둘 다 고도로 교육받고 번창하던 문명화된 국가들이 "야만주의로 되돌아갔을" 뿐 아니라 그들의 악함이 도를 넘었다는 것이다. 슬프게도, "자연의 힘"을 통한 진보의 불가피성을 주장한 기번의 계몽주의 가정은 명백히 틀리고 말았다. 그런데도 18세기부터 유토피아주의가 너무나 끔찍한 결과를 초래한 1960년대까지 '진보', '개선', '개량' 같은 단어는 중얼거리기만 해도 자신감을 불어넣고 다음번 언덕 너머에 찬란한 미래가 있다고 온 세상을 확신시킬 수 있었다.

거창한 유토피아주의 이념으로 한 세기 동안 수억 명이 학살당한 후, 오늘날에는 이런 진보관의 가정들이 철저히 검토되고 있다. 무엇보다도, 계몽주의 사상가들이 이성을 드높였음에도 불구하고 정작 자기들의 철학에 대한 자기비판이 거의 없었음이 드러났다. 만일 기번이 동시대의 극작가 리처드 셰리든(Richard Sheridan)이 하원 연설에서 보여 주었던 비판적 사고를 갖고 있었더라면 훨씬 좋았을 것이다. 셰리든은 다른 의원을 비판하며 이렇게 말했다. "그가 말한 것은 옳은 것과 새로운 것이었다. 그러나 불행하게도, 옳은 것은 새롭지 않았고, 새로운 것은 옳지 않았다."

계몽주의적 가정은 크고 작은 방식으로 오늘날에도 잘 살아 있다. 다음과 같은 두 개의 가정이 너무나 자주 작동한다. 한편으로 현재는 과거보다 특권을 누린다. 다른 한편으로 미래는 현재보다 특권을 누린다. 철학자 마르틴 하이데거(Martin Heidegger)는 우리가 자동으로 과거보다 현재에 특권을 부여하게 하는 그 가정을 "으스대는 주장"이라 언급하며 공격했다.

역설

현대적 시간관의 셋째 은밀한 독재는 역설이다. 현대 세계에서 시간의 속도와 그것이 가하는 압력으로 인해 끊임없는 변화가 우리의 범주와 결론들을 엉망으로 만든다. 안정적 확신, 확실한 판단, 오래 간직된 믿음, 오래된 전통, 새롭고 대대적인 발견, 혁신적인 새 유행은 모두 축하 행사도 없이 현대적 시간이라는 변화의 토네이도에 휩쓸려 버린다. 따라서 이런저런 영역에서 우리가 아이러니를 수확하고 의도치 않은 결과에 직면하는 것은 놀랄 일이 아니다. 좌파-우파, 자유주의자-보수주의자, 진보주의자-반동주의자와 같은 우리의 범주들은 너무 낡아서 누더기가 되었다.

20세기의 한밤중에 가까웠던 1939년, 히틀러와 스탈린이 독일-소련 불가침 조약이라는 뉴스로 세상을 놀라게 했을 때 영국의 한 익살꾼은 "우리의 모든 이념들(Isms)은 과거의 이념들(Wasms)이다"라고 말했다. 그의 지적은 오늘날 더 적합하다. 대중적 범주들은 남용되어 진부해졌고, 시간의 가차 없는 속도 때문에 알아볼 수 없을 정도로 뒤틀리고 말았다. 때때로 눈에 띄는 전통주의의 익숙한 허울, 자유주의의 눈먼 반자유주의, 또는 일부 보수주의의 숨 막히는 진보주의를 달리 어떻게 설명할 수 있겠는가?

오늘날 "전위파(avant-garde)는 후위파다"라고들 말하는 데는 그럴 만한 이유가 있다. 다수의 21세기 진보주의자들이 18세기의 진보관, 19세기의 과학관, 사실과 객관성에 대한 20세기 중반의 견해를 갖고 있기 때문이다. 문제는 그런 입장들이 한물갔다는 게 아니라—연대기적 우월 의식 자체가 현대적 시간관의 유산이다—틀렸다는 것이다. 역설은 보수주의 편에서도 뚜렷이 드러난다. 많은 보수주의자는 자유를 사랑하는 것보다 더 자유주의자를 미워한다고 한다. 그러나 그것은 왜곡의 시작일 뿐이다. 무엇보다도, 오늘날의 많은 보수주의자는 비즈니스와 환경에 관한 한 결코 보수적이지 않다. 이런 영역들에서는 아무도 이 용감한 새 보수주의자들보다 더 단호하게 진보적일 수 없다.

이런 개념과 용어에 대한 서로 다른 입장은 언제나 있을 것이다. 그러나 진보된 현대적 시간관이 필요 이상으로 횡포를 부리지 못하게 하려면, 우리는 각자 믿는 바를 확실히 하고 목표에 대해 분명해야 한다. 여기에 우리의 자유와 인간성은 물론, 오늘을 붙잡고 인생을 최대한 선용하는 능력도 달려 있기 때문이다.

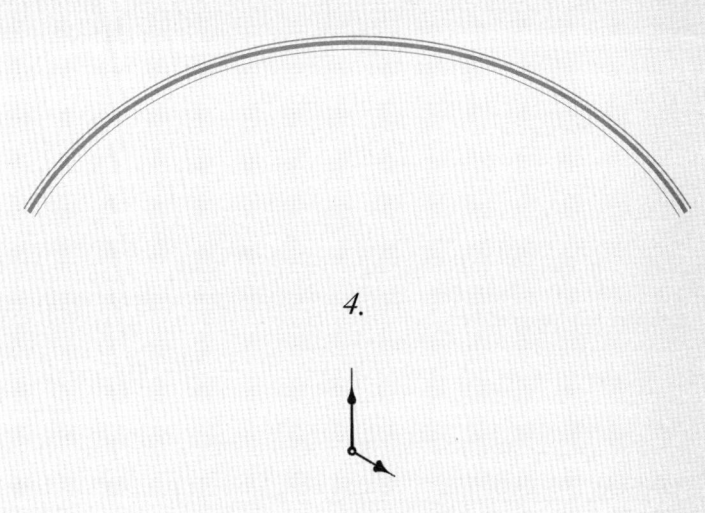

4.

오늘을 붙잡는 방법

내가 태어난 1941년은 20세기의 진정한 한밤중으로 묘사되어 왔다. 자유와 민주주의의 불빛이 깜빡거리고, 나치 독일과 일본 제국은 무적의 강대국들 같았으며, "최종적 해결"이라는 악마적 증오가 나치 정신의 어두운 구석에서 싹트고 있었다. 그보다 4년 앞서 시작된 일본의 잔인한 중국 침략으로 이미 1,700만 명이 죽었고, 우리 가족이 살던 곳 근처인 송나라의 옛 수도 카이펑에서는 메뚜기 떼로 인한 끔찍한 기근과 자국민에 대한 장제스(蔣介石) 장군의 무정한 반응 때문에 나의 두 형제를 포함해 500만 명이 생명을 잃었다. 1949년 이후로는 부모님과 나는 장엄한 명나라의 옛 수도이자 훗날 국민 정부의 수도가 된 난징에서 린뱌오(林彪)와 공산군의 최후 승리, 마오쩌둥(毛泽东) 주석과 중화인민공화국의 승리를 목격했다.

요컨대, 어린 나의 시야에는 온갖 소문, 잔인함, 위기, 자연재해, 전쟁, 죽음, 혁명, 테러, 대규모의 역사 같은 것이 가득했다. 인간의 생명은 값싸 보이고, 하루하루 생존하기 바빴으며, 살아남은 우리는 싸구려 오락실 기계 속 핀볼처럼 통제 능력 없이 나날이 이곳저곳으로 튀어 나는 듯했다.

당시 내가 그런 중대한 사안들을 생각하지는 못했다. 마오의 공포 정치가 시작되었던 공산혁명의 정점에 나는 불과 여덟 살이었고, 두려움 없던 아버지는 우리를 둘러싼 폭풍 속에서 닻과 같았다. 나중에는 물론 그런 문제들에 관해 생각했다. 나의 형제들은 죽었다. 나는 왜 죽지 않았을까? 우리는 우주, 시간, 사건들, 국가의 규모와 동시대에 같은 지구에 사는 사람의 숫자 등 우리 인생의 배경 같은 많은 요소로 인해 위축되곤 하는데, 어떻게 우리 각자가 중요한 존재라고 말할 수 있을까? 물론 우리가 중요하지 않다고 대답하는 사람도 있다. 언젠가 니체는 이런 글을 썼다. "우주의 어느 외딴 구석에, 기이한 태양계 속으로 가물거리며 쏟아져 나온, 그곳에 살던 영리한 동물들이 지식을 발명한 어떤 별이 한때 있었다. '세계 역사'의 가상 오만하고 위선적인 순간이었다. 그러나 단 1분에 불과했다. 자연이 숨을 몇 차례 쉰 후에 그 별은 점점 차가워졌고, 그 영리한 동물들도 죽어야 했다."[1]

오늘날 많은 사람은 니체에게 동의하겠지만, 유대교-기독교적 관점에서 그는 틀려도 몹시 틀렸다. 창세기의 창조 기사 그리고 시간, 역사, 우리 개인의 삶에 대한 성경의 평가에서 이보다 더 멀어질 수는 없다. 우리 각자는 가치 있는 존재인가? 우리의 인생은 갈등과 재난의 시기에도 그 어떤 의미라도 있는가? 그렇다, 그렇다, 그렇다. 유대인과 그리스도인은 나팔 소리처럼 함께 외친다. 지금은 그 의미가 보이지 않을지 몰라도 인생과 언약적 시간관과 역사관에는 의미가 있다. 각 인생에 의미가 있는 것은 우리 각자가 중요한 존재이고 역사는 유일하므로, 우리가 더 큰 그림과 더 긴 이야기 속에서 역할을 수행하기 때문이다. 그 이야기는 마지막에 베일이 벗겨질 때 그 모든 의미를 드러낼 것이다.

니체는 하나님을 믿지 않았고, 그가 하나님 없이는 아무 토대도 없는 한 인간적 관점을 따르는 인생관을 신뢰하지 않은 것은 잘한 일이다. 그는 삶이란 것을 인생 전체를 배경으로, 하나님도 없고 내재적 의미도 없는 우주의 광대함을 배경으로 조망했다. 성경의 견해에는 분명히 하나의 역설이 있다. 우리는 "흙으로 된 피조물", 작은 존재, 역사에 비춰 보면 터무니없이 왜소하고 동료 피조물들에 비해 수가 적은 존재일지 몰라도, 우리는 하나님의 형상으로 창조되었고 "하나님의 영이 숨을 불어넣은" 존재들이다. 그래서 우리 각자는 중요한 가치와 의미가 있으며, 우리의 작은 삶은 눈부신 의미를 이룬다. 비록 그 의미가 지금 여기의 제한된 지평 안에서 늘 명백해 보이지는 않더라도 말이다.

파란만장한 어린 시절 때문인지, 나는 항상 내 주변의 사건들을 이해하고픈 열정이 있었다. 청각이 과민한 개처럼 나는 언제나 시간의 현존과 경과를 강렬하게 느끼곤 했다. 대다수 사람은 장갑 속의 손처럼 자신들의 시대에 편하게 적응해서 다른 시대에서의 생활에 대해 생각하는 걸 이상하게 본다. 그들 대부분이 나이가 들면서는 그들의 시대와 잘 맞지 않는다고 느끼긴 하지만 말이다. C. S. 루이스는 인생 말기에 자신을 "공룡"으로 묘사한 것으로 유명하다. 그저 살면서 시간에 대해 별로 생각하지 않는 이들의 상식적인 현실주의는 여러 면에서 부러워할 만하다.

어떤 이들은 자기가 완전히 다른 시대에 태어났길 바라면서 어쩐지 항상 그들의 시대와 어긋난다고 느낀다. 1773년에 태어나 1859년까지 살았던 위대한 오스트리아의 정치가 메테르니히(Metternich)가 이를 절감했다. "내 인생은 역사의 역겨운 기간에 떨어졌다. 나는 너무 빠르거나 너무 늦게 출생했다. 지금 내가 아무짝에도 쓸모없다고 느끼기 때문이다. 좀더 일찍 태어났다면 인생을 즐겼을 테고 미래 시기에는 진정 건설적일 수 있었을 것이다. 오늘날에는 붕괴하는 건물을 받치느라 인생을 낭비하고 있다. 내가 1900년에 태어나 20세기를 눈앞에 두고 있었다면 좋았을 것이다."[2] 심지어는 사도 바울조차 "만삭되지 못하여 난 자"같이 느낀다고 썼다(고전 15:8).

나에게 시간과 시대의 조합이 인생의 중요한 주제들 중 하나가 되긴 했지만, 나는 첫째 집단의 생각 없는 만족이나 둘째 집단의 끊임없는 불안감에도 빠지지 않았다. 나는 기억도 가물가물한 어린 시절부터 "그 순간"에 대한 강렬한 감각을 갖고 있었고, 그 순간이 무엇을 뜻하는지 끊임없이 궁금해했다. 우리는 단 한 번 살고 시간은 짧으므로, 시간은 매 순간 도전장을 내민다. 우리는 일어나서 그 도전을 맞이해 순간을 붙잡을 것인가, 아니면 내버려 둘 것인가? 셰익스피어의 로맨스극에서 브리튼의 왕 심벨린이 로마인이 상륙했다는 소식을 듣고 영주들에게 말했던 것처럼, 인생의 도전은 "시간이 우리를 찾을 때 그것을 맞이하는" 것이다.[3] 또는 셰익스피어의 『율리우스 카이사르』에서 브루투스의 유명한 대사에 나오듯이, 인간사에는 조류가 있어서 "만조를 잘 타는" 게 필요하다.[4]

한순간이 아닌 생활방식

카르페 디엠, 곧 "오늘을 붙잡아라" 또는 "시간을 구속하는 것"에 대한 성경적 개념은 대다수 사람이 그 이상을 해석하는 방향과는 확연히 다르다. 대부분은 이를 이기적이고 단기적이고 순전히 즉흥적인 것으로 생각한다. **카르페 디엠에 대한 견해들 중에 성경적 또는 언약적 시간관의 견해보다 더 확실한 토대, 더 강한 추진력, 더 높은 비전은 없다.** 자유가 "당신이 좋아하는 일을 하게 하는 허락"이 아니라 "당신이 마땅히 해야 하는 일을 할 능력"이듯이, "오늘을 붙잡는 것"은 단순한 선택의 문제 그 이상이다. 크르즈나릭의 말처럼 "당신이 선택하는 **무엇**이기보다는 당신이 선택한다는 **바로 그것**"이다. 당신이 선택하는 이유, 당신이 선택하는 방법, 당신이 선택하는 것은 모두 성경적 이해에 담긴 중요하고 결정적인 요소들이다.

앞서 살펴보았듯이, 회개와 용서는 과거의 견지에서 "시간을 구속하는 일"의 열쇠이고, 안식일 및 안식 기간은 현재의 견지에서 시간을 구속하는 일의 열쇠다. 그런데 일반적으로 이해되는 "카르페 디엠"의 의미로 볼 때, 미래의 견지에서 시간을 구속한다는 것은 무엇인가? 오늘을 붙잡는 것 또는 미래의 시간을 구속한다는 것은 카르페 디엠의 이상이 최고의 열매를 맺을 수 있도록 온전한 생활방식을 제시하는 강력한 진리의 매트릭스 안에서 살아가는 것이다. 하나님은 시간과 역사의 흐름 속에서 우리를 부르시며, 오늘을 붙잡을 수 있게 하는 은사는 다음 세 가지 원리들을 한데 묶어 주는 생활방식에서 나온다. 바로 "하나님 앞에서 걷기", "시대의 징표를 읽기", "자신의 세대에서 하나님의 목적을 이루기"다.

하나님 앞에서 걷기

즉흥적인 신앙의 행위 또는 미처 계획하지 않은 새로운 방향이 떠오를 때 그걸 따르는 대신, 우리는 어째서 "하나님 앞에서 걸어야" 할까? 우선, 창의적인 즉흥 행위는 임의적인 충동, 고의로 과거를 조롱하려는 노력, 부르주아 계급에 충격을 주려는 열정, 또는 창조적 파괴를 부추기는 유행 이상의 것이다. 가장 자유롭고 가장 뛰어난 창의적인 즉흥 행위는 스포츠, 노래, 재즈, 그림, 춤, 정치, 사유 등 어느 영역에서든 기분에 따라 무작위로 펼치는 행위가 아니라 기술의 진정한 경지에 이른 열매다. 이는 셀 수 없는 훈련과 연습으로만 가능하다. 말하자면, 그 유명한 "1만 시간"의 훈련을 통해 숙련됨이 직관으로 변하고, 새롭고 창의적인 시도를 할 자유가 생긴다. 아시시의 성 프란체스코는 뜻밖의 즉흥적인 행위로 잘 알려졌지만, 그것은 무작위로 행한 것이 아니라 날마다 예수님과 맺는 깊은 관계와 동료 인간 및 다른 피조물들에 대한 배려에서 나온 것이었다.

다음으로, 신앙생활에 필요한 자연스러운 토대는 **하나님 앞에서 걷는 일**이다. 한 사람이 말하고 행하는 방식, 매일의 일상을 살아가는 모습은 항상 그의 믿음을 시험하는 최상의 방법이며 그의 의향과 동기를 잘 가리키는 지표다. 괴테는 "어떤 사람의 성품을 묘사하려는 일은 헛수고로 돌아가겠지만, 그의 행위를 모아 보면 그 성품이 드러날 것이다"[5]라고 말했다. 이 말은 자명하게 들리지만 하나님과 믿음에 대해서는 많은 사람이 그렇게 생각하지 않는다. 사람들에게 하나님은 존재하는지, 그분을 아는 최선의 방법은 무엇인지 물어보라. 대부분은 철학적 용어로 대답할 것이다. 서구의 사고방식과 믿음은 그리스의 영향을 많이 받았기에 많은 사람들이 자연스럽게 철학을 사용해 하나님에 대해 논하곤 한다. 그들은 논리를 사용하고 자연에 근거해 어떤 입장을 세우는 등 철학적 논증과 증거를 통해 하나님에 관해 생각하고 믿음을 이해한다(유명한 예로, 하나님의 존재에 대한 유신론적 논증이 있다).

하지만 유대인들은 오랫동안 성경에서 하나님은 철학이 아닌 역사를 통해 자신을 나타내신다고 지적해 왔고, 신실함(또는 신뢰도와 충성심)이 믿음의 핵심이라고 말했다. 하나님에 대한 믿음은 삼단논법의 결론 또는 지적인 논리 사슬을 완성하는 최후의 고리가 아니다. 하나님은 성경에서 만남의 이야기를 통해, 경험을 통해, 역사를 통해 알려지신다. 유대인이 하나님을 틀림없이 알았던 것은 그분이 그들을 이집트의 노예 상태에서 구출하셨으며, 그들이 시내산에서 그분의 영광을 보고 경험했기 때문이다. 랍비들이 지적하듯이, 우리는 십계명이 소개될 때 "나는 하늘과 땅을 창조한 주 너희 하나님이다"라는 말로 시작할 것을 기대했겠지만, 실제로 하나님은 "나는 너를 애굽 땅, 종 되었던 집에서 인도하여 낸 네 하나님 여호와니라"(출 20:2)는 말로 시작하셨다. 그들은 하나님을 역사상 그분의 위대한 행위들―열 가지 재앙, 홍해를 가름, 시내산에서의 만남, 광야에서의 물과 만나 공급―을 통해 틀림없이 알았던 것이다.

믿음의 발걸음에 대한 강조는 하나님이 아브라함을 부르시는 대목에 두드러지게 나타난다. 창세기에 나오는 그 텍스트는 아브라함이 무엇으로부터 떠나고 결별해야 할지를 구체적으로 묘사한다.

> 너는 너의 고향과
> 친척과
> 아버지의 집을 떠나
> 내가 네게 보여 줄 땅으로 가라. (창 12:1)

그러나 아브라함이 거기에 도착해서 무엇을 할지에 대해서는—아무것도 일절 말하지 않고—침묵한다. 아브라함이 들은 것은 "너는 내 앞에서 행하여 완전하라"(창 17:1)는 말씀뿐이다. 예수님의 첫 제자들도 마찬가지였다. 그들은 "예수님을 따르는 자들" 또는 "그 도를 따르는 자들"이 되었다. 초기 그리스도인들이 세상에 전했던 좋은 소식은 하나님이 행하신 일과 그들이 증인으로서 직접 눈으로 보고 귀로 들었던 일에 관한 이야기였다. 그러나 그들 증언의 기초는 복음을 삶으로 실천하는 방식, 즉 그들의 "걸음"이었다.

파스칼이 "아브라함의 하나님, 이삭의 하나님, 야곱의 하나님"으로 묘사한 존재와 "철학자들과 학자들의 신" 사이의 엄청난 차이의 배후에는 철학보다 역사를 강조하는 입장이 있다. 삶으로 실천된 진리는 잘 진술된 진리와 잘 논증된 진리보다 더 가치 있다. 잘 진술된 진리는 탁월하지만, 삶으로 실천된 진리는 그 가치를 헤아릴 수도 없다. 그렇다고 좋은 철학을 폄하하는 것은 아니다. 좋은 철학은 "사유에 관한 좋은 사유"의 문제이고, 이는 기반을 정비하는 일뿐 아니라 모든 인간에게 공통된 지혜를 입증하고, 믿음이 비합리적이지도 어리석지도 않음을 보여 주는 데 특히 중요하다. 그러나 하나님은 논증만을 통해서가 아니라 주로 역사와 개개인의 삶에 나타난 그분의 행위를 통해 알려지신다.

무엇보다도, 하나님의 실재는 하나님의 존재에 관한 수많은 논증보다 예수님의 삶과 사역과 죽음과 부활의 이야기를 통해 더 잘 나타난다. 그리고 신앙의 신뢰성은 믿음을 진술하거나 신조를 선언할 때보다 참된 신앙을 삶으로 살아 낼 때 더 뚜렷하게 빛난다. 믿음의 삶은 그리스도인이 믿되 인간의 모습으로 구현되는 진리들에 관한 이야기다. 그런 삶은 성경의 목소리, 곧 하나님이 인간의 실제 생활 속으로 뚫고 들어오셨다는 수많은 작은 이야기들로 이루어진 웅대한 이야기에 힘을 실어 준다. 물론 언어는 중요하고 명제들은 지극히 중요하며, 하나님에 관한 진리들은 신학적으로 정확하게 진술될 수 있고 또 그래야 한다. 이는 이사야의 장엄한 예언들, 로마의 그리스도인들에게 보낸 사도 바울의 심오한 논증, 또는 교회의 역사적 신조들에 잘 담겨 있다. 분명한 믿음은 필수적이고, 진리에 대한 충성은 지극히 중요하며, 진리 주장은 최대한 설득력 있게 제시되어야 한다. 그러나 진리의 다층적 실재는 믿음으로 영위한 삶을 통해, 즉 볼 수 있고 들을 수 있고 만질 수 있는 삶의 실체를 통해 그 진가가 드러난다.

이로부터 많은 함의가 흘러나온다. 예컨대, 이는 믿음[히브리어로는 에무나(*emunah*)]은 신실함, 충성심, 믿음직함을 의미하기에 배교는 단순한 신학적 오류가 아니라 사랑과 충절의 위반인 간음이나 마찬가지라는 점을 주장하고 되새기게 한다. 그런데 주된 한 가지 함의는, 믿음의 삶은 단지 믿음을 진술하는 문제가 아니라 하나님과 관계를 맺는 삶의 방식이라는 것이다. 따라서 믿음의 사람들에게 오늘을 붙잡는다는 것은 결코 갑작스러운 충동이나 계획되지 않은 영감을 따라 무작위로 행하는 것이 아니다. 새해 결심처럼 일시적 생각이나 의도가 아니다. 오늘을 붙잡는다는 것은 하나님을 아는 삶의 방식의 창조적 표현이고, 항상 시간과 역사와 인생이 "하나님 아래" 있음을 알며, 그분 앞에서 신실하게 그분의 방식대로 사는 것이다. 따라서 "하나님 앞에서 걷는 것"은 하나님의 의도에 따라 사는 것이고, 그것 없이는 인생을 최대한 선용하는 것이 불가능한 필수 토대다.

당신이 파악하지 못하면 파악하지 못한 것이다

오늘을 붙잡고 시간을 구속하고 인생을 최대한 선용하기 위한 두 번째 요건은 **이 순간과 이 시간을 분별하는** 일이다. 우리가 하나님을 알면 우리의 세계와 시대도 알 수 있다. 우리는 한 손에는 성경을, 다른 손에는 신문 또는 인터넷을 들고 "시대의 징표를 읽도록" 부름받았다. 히브리 성경(구약)과 신약성경은 시대를 분별하거나 분별하지 못하는 예들로 가득 차 있다. 긍정적인 것도 있고 부정적인 것도 있다. 사람들은 보통 구약의 긍정적 사례들을 더 잘 기억하고 좋아한다. 예컨대, 다윗왕의 신하 가운데 잇사갈 지파 200명이 시세를 잘 읽는다고 묘사되어 있다(대상 12:32). 이보다 더 유명한 예는 모르드개가 페르시아의 왕비였던 그의 친척 에스더에게 한 말이다. "네가 왕후의 자리를 얻은 것이 이때를 위함이 아닌지 누가 알겠느냐?"(에 4:14) 구약에는 부정적 사례도 있다. 무엇보다도 경각심을 일깨우는 사실은 갈렙과 여호수아 단 두 사람을 제외하고 모세가 이집트에서 해방시킨 세대 전부가 약속의 땅에 들어가지 못했다는 것이다. 온 세대―그 한 세대―가 이스라엘 역사상 가장 심각한 불신의 죄, 즉 금송아지를 둘러싼 극악한 반역 다음으로 중대한 죄를 짓는 바람에 그 땅에 들어갈 자격이 없다는 판단을 받았다.

첫눈에는 신약성경에 긍정적 사례보다 부정적 사례들이 더 많은 듯하다. 사복음서에 따르면 예수님이 찾아오신 그 세대가 최장 기간 그분을 "알아보지" 못했고 그의 제자들도 예외가 아니었기 때문이다. 예컨대, 마태복음에서 예수님은 바리새인들과 사두개인들에게 날씨 예측에 걸맞은 분별력도 없다고 꾸짖으셨다. "너희가 날씨는 분별할 줄 알면서 시대의 표적은 **분별할 수 없느냐?**"(마 16:3) 누가복음에서 예수님은 한 장에서만 "이 세대"라는 말을 반복하시면서 그들의 세대에 죄가 있다고 선언하시고, 니느웨 사람들과 스바의 여왕이 심판 날에 그들을 정죄하게 될 것은 요나나 솔로몬보다 훨씬 더 위대한 인물이 나타났는데도 그들이 그분을 "알아보지" 못했기 때문이라고 말씀하신다(눅 11:29-32).

하지만 그들이 예수님의 정체와 그분이 행하시는 일을 얼마나 파악하지 못했는지 가장 심오하게 드러낸 장면은 예수님이 예루살렘을 바라보며 애통해하셨던 모습이다. "예수께서 예루살렘 가까이에 오셔서, 그 도성을 보시고 우시었다. 그리고 이렇게 말씀하셨다. '오늘 너도 평화에 이르게 하는 일을 알았더라면, 좋을 터인데! 그러나 지금 너는 그 일을 보지 못하는구나.…이것은 하나님께서 너를 찾아오신 때를, 네가 알지 못했기 때문이다"(눅 19:41-44, 새번역). 놀랍게도, 이는 예수님이 시대의 두 측면을 넘어 세 가지 측면을 분별하실 수 있었음을 시사한다. 즉, 그분의 앞에 있는 바로 그 시대와, 장차 로마가 예루살렘을 약탈할 주후 70년, 그리고 세 번째 날, 곧 그 세대가 예수님께 올바로 반응하고 평화에 이르는 길을 선택했다면 그들의 것이 되었을 그날이다.

그렇다면 "시대의 징표를 읽는 일"이 간단하다는 뜻인가? 결코 그렇지 않다. 예수님이 바리새인들과 사두개인들의 위선을 비난하신 이후 일기예보의 과학은 엄청나게 발전했지만, 역사의 의미를 이해하고 "시대의 징표를 읽는 일"은 여전히 어렵다. 그러나 양자의 간격이 벌어지는 이유를 잘 살펴보면 앞날에 대한 실마리를 찾을 수 있다. 라인홀드 니버가 그 문제를 올바로 지적했다. 자연을 연구하고 날씨를 예보하는 일과 역사를 정확하게 해석하는 일 사이에는 뚜렷한 차이가 있다. 그 차이는 두 경우 인간의 마음이 수행하는 역할에 있다.

니버에 따르면, 우리가 자연을 연구할 때는 지성이 중앙에 있고 자아는 변두리에 있다. 그래서 우리는 유한한 인간의 한계를 벗어날 수 없음에도 자연을 최대한 객관적으로 볼 수 있다. 그러나 역사를 연구할 때는 그 관계가 역전된다. 역사는 참여적 프로젝트다. 우리가 품은 모든 욕망, 감정, 편견, 이해관계 등이 의식적으로든 무의식적으로든 작동하기 시작한다. 역사는 사람에 관한 것이다. 별로 의식하지 않아도 우리에게는 싫어하는 사람들, 불신하는 지도자들, 두려워하는 사건들, 갈망하는 결과들이 있기 마련이다. 그래서 감정이 개입하고, 맹점이 작용하고, 사고가 한쪽으로 쏠리고, 생각한 것만큼 그리 객관적이지 못하다. 이 때문에 역사 자체와 일간 신문들은 종종 무의식적으로 선전 도구와 정치적 무기가 되기 쉽다. 요약하면, 니버는 역사 해석에서 직면하는 문제는 "지성의 결함"이 아니라 "마음의 타락"이라고 주장한다. 따라서 지적인 차원이 아니라 도덕적이고 영적인 차원에서 오류를 제거해야 한다는 것이다.

예수님 당시의 열심당원들은 그들의 정치적 견해가 예수님을 바라보는 렌즈를 왜곡했기 때문에 그분을 제대로 "알아보지" 못했다. 예수님은 전쟁용 군마가 아니라 당나귀를 탔으니 분명히 로마를 쫓아내지 못할 것이고, 따라서 그들이 찾던 메시아가 아니었다. 그들이 원했던 인물은 그들을 로마인에게서 해방시킬 "하나님의 망치" 유다스 마카베우스(Judas Maccabeus)였지 그들을 죄에서 해방시킬 "고난받는 종"이 아니었다. 예수님의 가장 가까운 친구였던 야고보와 요한조차 처음에는 그분을 제대로 "알아보지" 못했다. 그들과 그들의 어머니는 예수님이 그들을 부르신 목적과 정반대되는 야망을 품고 있었기 때문이다.

우리는 이런 개인 또는 대중의 왜곡을 피하고 기독교적으로 생각하는 것을 올바르게 이해할 필요가 있다. 하나님을 경외하는 것이 진정 지혜의 근본이다. 모든 것을 하나님의 나라에 비춰 조망할 수 있는 관점과 겸손으로 우리를 이끌어 주고, 우리 자신이 중앙에서 벗어나 제자리를 찾도록 도와주기 때문이다. 그러면 성령의 열매를 맺는 것이 중요함을 깨달아 우리가 의식하지 못하는 편견과 부패를 바로잡을 수 있게 된다. 여기에서 친구들의 역할도 중요하다. "철이 철을 날카롭게 하는 것같이 사람이 그의 친구의 얼굴을 빛나게 하느니라"(잠 27:17). 우리는 언제라도 열린 태도로 교정을 받아들여야 하는데, 우리 모두는 종종 잘못을 저지르고 실수를 범하며 진리의 길로 되돌려질 필요가 있기 때문이다. 끝으로, 우리는 성령의 직접적 격려에 의해 반드시 인도를 받아야 한다. 오직 하나님의 영만이 상황에 관한 진리를 아시고, 우리의 더러운 렌즈를 닦고 우리의 눈을 열어 현재 일어나는 현상과 하나님이 행하고 계시는 일을 볼 수 있게 해 주시기 때문이다.

우리 세대와 하나님의 목적

오늘을 붙잡고 시간과 역사 속에서 하나님의 소명을 따르는 데 필요한 세 번째 요건은 **우리 세대를 향한 하나님의 목적을 이루려는 노력**이다. 다윗왕의 신하들은 시대의 징표를 읽는 일만 잘했던 것이 아니다. 그들은 "시세를 알고 이스라엘이 마땅히 행할 것을 아는" 이들이었다(대상 12:32). 그들은 단순히 전문가가 아니었고 그들의 지식은 지식 자체를 위한 것이 아니었다. 그들이 분별력을 통해 알게 된 것은 삶으로 실천되어야 했고, 그 분별이 더 지혜롭고 정확할수록 그로부터 나온 행동과 삶은 더 신실해졌다.

예수님을 따르는 이들을 위해 동일한 요지가 주기도문의 핵심에 있다. "나라가 임하시오며 뜻이 하늘에서 이루어진 것같이 땅에서도 이루어지이다"(마 6:10). 하나님은 항상 개인을 깊이 부르시는데, 이는 항상 이 땅 위에서 하나님의 통치를 확장하라는 더 높고 더 넓은 목적으로의 부르심이다. 사도 바울이 다윗왕에 대해 짧게 묘사한 구절에 이런 소명의 측면이 아름답게 표현되어 있다. "다윗은 당시에 하나님의 뜻을 따라 섬기다가 잠들어"(행 13:36). 거기에는 "다윗이 섬겼다"는 놀라운 찬사가 있다. 오늘날 "섬기는 리더십"은 상투어로 전락했기에 더 이상 그런 리더십을 고대의 통치자들과 대조하지 않는다. 예컨대, 피라미드와 고대 신전들은 돌에 적힌 성명들이며, 꼭대기 돌은 왕을 상징하고 온 사회의 무게가 그를 떠받치기 위해 존재했다. 신들은 하늘을 다스리고, 태양은 하늘을 다스리고, 사자들은 동물의 왕국을 다스리며, 왕은 그의 백성을 다스렸다. 그러나 모세를 비롯한 이스라엘의 통치자들은 섬기는 지도자들로 부름받았다. 그들은 하나님과 그들의 백성 둘 다를 섬겼고, 그 백성을 섬기는 것은 곧 그 시대에 하나님의 목적을 따라 섬기는 것이었다.

다윗을 칭찬한 그 짧은 문장은 의미와 교훈들로 꽉 차 있다. 그 문장은 중요한 과업과 특정 시대와 단순한 종점을 언급한다. 동일한 장(행 13장)에서 하나님이 "내 마음에 맞는 사람"으로 묘사하신 다윗은 자신의 세대에 하나님의 목적을 따라 섬긴 후 이 땅을 떠났으니 임무를 완수한 셈이다. 이를 합하면 유대교-기독교가 말하는 카르페 디엠, 곧 오늘을 붙잡는 것, 시간을 구속하는 것, 우리 인생을 최대한 선용하는 것이 된다. 믿음의 사람들이 시대를 분별하고, 그 시대를 향한 하나님의 뜻을 이루기 위해 그분과 동역자로 섬기며, 세상이 애초의 창조 의도에 따라 회복되도록 돕는 것이다.

성경의 시간관에서 다른 많은 사항들도 도출할 수 있다. 우선, 인생은 선물이기에 시간은 항상 청지기직과 관련된다. 특히 인생이 짧고 덧없음을 생각하면 시간과 돈을 잘 사용해야 마땅하다. 다시 돌아가 보면, 구약성경은 이를테면 시간에 대한 태도 면에서 선지자와 제사장의 역할을 명백히 구별한다. 선지자들이 대체로 현재 또는 "현재 속 미래, 시작에 이미 내포된 끝"에 관심을 갖는 반면 제사장들은 영원에 관심을 품고, 선지자들은 적실한 것과 자발적인 것에, 제사장들은 정규적인 것과 구조화된 것과 질서정연한 것에 관심이 있다.[6] 오늘을 붙잡는 것은 그래서 그 핵심에 선지자적 성격이 있다. 예수님은 "일상"에 중요한 강조점을 두신다. ["오늘 우리에게 일용할 양식을 주시옵고"(마 6:11), "한날의 괴로움은 그날로 족하니라"(마 6:34).] 오늘을 붙잡는 것은 그러므로 이날의 직접성, 이 시간의 필요성, 우리 이웃의 필요에 대한 책임감으로부터 나온다.

사도 바울은 우리의 사유나 행위에서 완벽한 것을 기대하면 안 된다고 상기시킨다. 우리가 시대의 징표를 잘 읽으려고 애쓸지라도 여전히 "거울로 보는 것같이 희미[할]" 뿐이다(고전 13:12). 우리는 전능하지도 전지하지도 않은 만큼 우리의 이해나 행동도 이생에서는 결코 완벽할 수 없을 것이다. 우리의 이해에는 항상 "완벽하지 못함"이란 딱지가, 우리의 행동과 삶에는 "불완전함"이란 딱지가 붙을 것이다. 우리가 시대의 징표를 아무리 잘 읽어도 결함이 있을 수밖에 없다. 우리가 취하는 최선의 행동도 마찬가지로 불완전할 것이므로, 하나님을 대면하여 주인의 "잘했다"는 말씀을 들을 때까지는 우리의 참된 유산도 결코 명백하지 않을 것이다.

그 위대한 날이 오기까지 우리의 모든 인생 경영은 겸손에 뿌리와 닻을 내려야 하며, 우리의 최선의 판단과 최선의 노력도 언젠가 판단받을 것임을 기억해야 한다. 그러나 인생이 짧고, 최선의 이해에도 결함이 있고, 가장 훌륭한 노력도 종종 불완전할지라도, 우리는 여전히 "생명을 선택하고", 오늘을 붙잡고, 시간을 구속하고, 우리 시대에 하나님의 목적을 따라 섬기려고 애써야 마땅하다. 그러면 우리가 죽음을 맞이하는 모습은 자연스럽게 우리가 살아온 모습을 반영할 테고, 우리의 살아가는 모습과 죽는 모습 모두가 우리에게 영감을 준 그 믿음을 증명하게 될 것이다. 이로써 우리는 어렵거나 태평한 역사의 어떤 시기에 살든지, 마카베우스 시대로부터 내려오는 고대 유대인의 기도에 동참할 수 있다. "아 주님, 우리가 이 세대에 사는 것은 특권입니다."

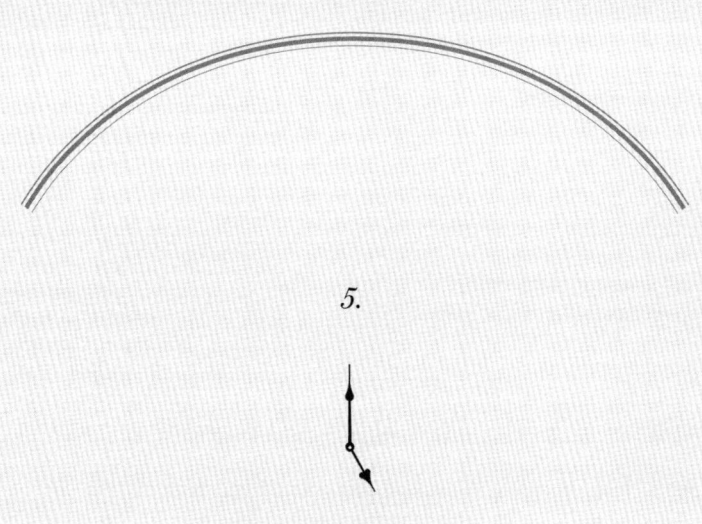

5.

선지자적 반시대성

현대 세계에서 서구 교회가 직면한 복잡한 위기는 아이러니들로 가득하다. 우선, 교회는 자기가 창조에 일조한 근대 세계에 무비판적으로 순응하는 바람에 자신의 무덤을 열심히 파는 중이다. 따라서 교회는 국민의 다수를 대표하는 미국 같은 국가들에서도 그 한 조각 규모밖에 안 되는 소수파보다 사회적 영향력이 더 작다. 그런데다 교회가 배척받고 멍하게 비틀거리다 다친 와중에, 많은 그리스도인은 오히려 그들의 부적실성을 가속시키는 방식으로 현대 세계에 적실해지려고 어리석은 노력을 기울이는 바람에 자신들의 상처에 모욕까지 더하고 말았다.

"왕이 죽었다. 폐하, 만수무강하소서!" 한 군주에서 다른 군주로의 계승을 포착하는 이 유명한 외침은 과도기가 그러하듯 종종 시간에도 적용된다. "과거는 죽었다. 미래여, 만수무강하소서!" 그러나 이것은 사유를 이중으로 비튼 것이므로 오류를 잘 포착해야 한다. 과거는 죽어 사라진 것으로 가정되고, 현재는 상상된 미래의 개선을 위해 뒤로 밀린다. 그런데 과거는 확실히 과거지만 결코 죽지 않았다. 과거는 심지어 현재가 강경하게 반발하고 있을 때에도 강력한 힘을 발휘한다. 과거는 항상 한 사람의 자기인식에, 그들의 의식적 기억과 무의식적 기억에, 그들이 선택을 통해 쌓은 성품에, 그들의 발화 패턴에, 그리고 물론 과거의 악행에서 오는 죄책감과 같은 것들에 현존한다. 윌리엄 포크너(William Faulkner)가 『한 수녀를 위한 진혼곡』(Requiem for a Nun)에서 썼듯이, "과거는 결코 죽지 않았다. 과거는 심지어 지난 것도 아니다."[1]

그런데 만일 과거보다 현재에 특권을 부여해선 안 된다면, 원하든 두려워하든 상상된 미래에 현재와 과거보다 특권을 부여해서도 안 된다. 과거와 현재와 미래를 결코 나누면 안 된다. 시간의 세 얼굴은 하나이고 나눠질 수 없다. 셋은 하나님 앞에서 하나이고, 셋은 우리 삶에서 우리가 아는 것보다 훨씬 더 서로 얽혀 있고 편재한다. 물론 어떤 의미에서 과거는 더 이상 존재하지 않고 미래는 아직 존재하지 않지만, 진부한 구별이 너무 사냅게 언급되곤 한다. 리처드 니버(Richard Niebuhr)가 말했듯이, 과거는 "더 이상" 존재하지 않을지는 몰라도 "여전히 현존하고", 미래는 "아직" 존재하지 않을지는 몰라도 우리의 소망, 우리의 비전, 우리의 흥분, 우리의 염려, 또는 우리의 두려움을 통해 "이미 현존하고" 있다.[2] 시곗바늘은 2시를 뒤에 두고 3시를 향해 움직이더라도, 시간 속에 사는 사람들은 앞으로 움직일 때 과거의 자아들을 결코 뒤에 두지 않는다. 비록 그들이 거듭나서 예수님이 고쳐 준 그 맹인처럼 감사하는 마음으로 "내가 눈이 멀었다가, 지금은 보게 되었다는 것입니다"(요 9:25, 새번역)라고 말할지라도 그렇다. 믿음의 사람들은 과거와 현재와 미래를 똑같이 감사해야 하고 그 셋과의 관계를 조심스럽게 지켜야 마땅하다. 니버가 결론적으로 말했듯이, "과거와 현재와 미래는 활동적인 자아의 시간으로 충만한 모습의 세 차원이다. 그 셋은 자아가 '나는 나다'란 것을 인식한 순간부터 자아와 늘 함께한다."[3]

과거를 왜곡하는 것

시간의 왜곡이 오늘날 그리스도인의 삶과 증언을 심각하게 손상시키는 장소가 여럿 있지만, 나는 특히 중요한 세 군데에 초점을 두고자 한다. 하나는 과거와, 하나는 현재와, 하나는 미래와 관련되어 있다. 이 셋이 한데 모여 성경적 시간관이 제공하는 특별한 균형과 풍성한 열매에 큰 타격을 준다. 성경의 언약적 시간관에 따르면, 과거는 과거이되 믿음과 신실한 삶을 위한 풍성한 보고(寶庫)다. 히브리 성경과 기독교 성경은 모두 기억과 역사가 믿음의 핵심에 있다는 확신을 정확히 표명한다. 유대인과 그리스도인 모두 그들의 구원을 완전히 하나님 덕분으로 돌린다. 유대인은 출애굽이라는 민족적 측면에서, 그리스도인은 멸망과 죄와 죽음으로부터의 구출이라는 개인적 측면에서 그러하다. 그런즉 구출에 대한 감사야말로 유대인과 그리스도인이 하나님을 신뢰하고 그분께 충성하는 근본 요인이고, 망각이 감사에 독약이듯이 기억은 감사에 산소와 같다. "기억하라"와 "잊지 말라"는 한 쌍의 명령은 성경적 믿음의 필수불가결한 북엔드다. 랍비 색스는 조지 산타야나(George Santayana)의 유명한 금언 "과거를 기억하지 못하는 이들은 그것을 반복할 운명에 처한다"를 인용하면서, "유대교는 기억의 종교다.…기억은 도덕의 가정교사다"라고 주장한다.[4]

이처럼 기억하는 것은 결코 단순 암기나 간략한 회상이 아니다. 과거를 풍성하게 기억하는 이들에게 중요한 것은 그 기억에 반응하는 방식인데, 조만간 중대한 갈림길이 나타날 것이기 때문이다. "과거와 **함께** 사는 것"과 "과거 **안에** 사는 것"은 완전히 다르다고 색스는 말한다. 전자는 긍정적이고 활기를 북돋우는 반면, 후자는 부정적이고 생명을 위협하는 단순한 향수일 뿐이다.[5] 오늘날 현대인들은 주로 피해의식과 미움을 통해 과거를 왜곡한다. 두 가지는 정반대 것으로 보이긴 하지만, 실은 과거 안에 사는 잘못된 방식이 약한 형태와 강한 형태로 나타나는 현상이다.

계몽주의 낙관론의 선지자들과 그 후예들의 주장과는 정반대로, 현대 세계에서 악과 불의와 고통이 무르익었고 그것도 세계적이고 거대한 규모로 그러하다. 의문의 여지 없이 오늘날 세계는 피해자들의 무게에 짓눌렸고, 공기는 그들의 울부짖음으로 무겁고, 땅은 그들의 피와 눈물로 젖었다. 우리의 마음은 갇힌 자와 들볶인 자와 억압당한 자를 위한 정의를 지향하는 하나님의 열정으로 뜨거워야 한다. 한마디로, 오늘날 세계는 타인의 행위나 무관심 때문에 큰 상처를 받은 헤아릴 수 없는 사람들에게 압도되고 말았고, 그들의 피가 하늘을 향해 부르짖고 있다.

그러나 피해자인 것과 피해의식 및 피해자 행세로 반응하는 것은 상당히 다르다. 세상의 어느 민족도 유대인보다 더 오랫동안 그리고 더 자주 피해자였다고 주장할 수 없다. 그런데 유대인은 피해자로 반응할 충분한 이유가 있는데도 불구하고 피해자 카드를 제시하기를 단호히 거부하고, 이를 통해 오늘날의 (상대편보다 더 희생했다는) 피해자 행세를 하는 유행이 잘못되었음을 부각시킨다. 스스로를 피해자로 **인식하고** 피해자처럼 **연기하는** 식으로 반응하는 이들은 결국 스스로를 피해자로 **마비시킨다**. 왜냐하면 과거를 권력의 도구로 이용하려는 피해자들은 과거의 죄수로 남고 결코 자유롭게 되지 못하기 때문이다. 그들은 그들 자신의 분노의 죄수가 된다. 이와 반대로, 유대인은 뒤돌아보지 않고 앞을 내다본다. 요컨대, 피해자 행세는 피해자들 및 피해자 사회에 파탄을 몰고 오며 역효과를 낳는다. 동성애자들이 동성애 혐오를 불평하고 이슬람교도들이 이슬람 혐오를 불평할 수는 있겠지만, 피해자 카드를 제시하며 기독교 혐오를 불평하는 그리스도인들은 그들 복음의 핵심을 이해하지 못한 것이다.

피해자 행세가 수동적 반응으로 과거를 왜곡하는 것이라면, 미움은 똑같이 위험한 반응이 능동적 형태를 띤 것이다. 다시 강조하건대, 보통 잘못된 일을 당했다는 데는 이의가 없다. 어떤 진정한, 어쩌면 끔찍하다 할 수 있는 악행이 저질러졌다. 예컨대, 유대인과 집시를 말살한 나치의 행위나, 아랍인과 영국인과 미국인이 아프리카인을 재산 취급한 노예제의 해악 같은 것이다. 그러나 악행에 미움으로 반응하면 피해자는 혐오자가 되어 문제가 복잡해지고 영속적인 것이 될 뿐이다. 미움은 악의(악한 고의)를 퍼뜨려서 가해자만이 아니라 양쪽 모두를 전염시키고, 피해자는 이중으로 피해를 입는다. 먼저는 그들에게 가해진 악행으로, 그다음은 현재 미움의 죄수가 됨으로써 피해를 당한다. 색스가 말하듯이, "증오에 쫓기는 사람들은 자유롭지 않고 자유로워질 수 없다.…자유로워지려면 증오를 놓아야 하기" 때문이다.[6]

그러면 오늘의 그리스도인에게 증오는 어떤 문제로 다가오는가? 그리스도인을 혐오자로 취급하는 비난은 거짓일 때가 너무 많다. 그리스도인들은 단지 다른 이들과 의견을 달리한다는 이유로 적대감을 부추기는 선동가 취급을 받는다. 문화 전쟁이 극심한 오늘날 상황에서 의견 불일치는 종종 차별이라 공격받고 편협함과 증오라는 비난을 받곤 한다. (어느 범퍼 스티커가 항의했듯이 "증오는 가족적 가치가 아니다.") 그래서 주변 문화와 다르게 생각하며 살기 원하는 유대인과 그리스도인은 당연히 미움을 사게 된다.

드문 몇 가지 경우를 제외하면 그런 공격은 옳지도 않고 공정하지도 않다. 덮어놓고 차별이고 증오라고 비난하는 것은 반대와 양심적 거부의 권리를 심각하게 공격하는 것이다. 그러나 오늘날 진짜 문제가 발생하는 곳은 미움에 대한 비난이 아니다. 문제는 그리스도인들이 다른 사람들의 편견 때문에 피해를 입는다는 것이 아니다. 이는 예수님이 제자들에게 예상하라고 경고했던 바다. 문제는 일부 그리스도인들이 증오를 영속화하는 운동들의 뒷받침을 받아 부지중에 가해자가 되고 있다는 것이다. 많은 그리스도인은 정의에 대한 합당한 열정으로 인해, 증오와 싸운다고 주장하면서 그 반(反)증오와 피해자 행세하는 전략으로 오히려 악과 미움을 만들어 내는 운동의 지지자가 되고 만다. 예컨대, 최근의 인종차별 반대 운동에서 마틴 루서 킹과 스토클리 카마이클(Stokely Carmichael)* 사이에는 큰 차이가 있다. 그런데 여기서 쟁점은 두 지도자 간의 차이 또는 두 가지 행동 철학—비폭력주의와 폭력도 불사하는 행동주의—간의 차이가 아니다. 근본적 차이는 악에 대처하는 성경의 방법과 세속 진보주의 좌파 및 그 인종적·성적 정치의 유사-마르크스주의 방법 사이에 있다. "피해자들"은 그 정의상 객체들이고 그런 존재로 머문다. 그들은 더 이상 노예 상태에 있지 않을지 몰라도 마음으로는 여전히 노예들이다. 그들은 이미 비인간화되었고, 지금도 피해자 행세와 증오를 통해 스스로를 비인간화할 뿐 아니라 다른 이들도 그렇게 만든다. 이

---

* 인종차별 철폐 투쟁을 백인 대 흑인의 구도로 바꾼 20세기 미국의 흑인 해방 운동가다—옮긴이.

와 반대로 "자유인들"은 자유로운 남자와 여자로서 스스로 반응을 결정하는 주체와 주인이 되었기에, 피해자 행세를 할 필요도 없고 누구도 증오할 필요가 없다. 피해자 행세는 피해의식을 영속화하고, 증오는 증오하는 자를 부패시킨다. 이런 태도는 과거를 계속 되살리고 그 독을 유지하는 반면, 용서는 피해자를 자유롭게 하고 증오와 과거를 영원히 끊어 버린다.

이집트에서 해방되었을 때 이스라엘 백성은 이집트인을 미워할 만한 충분한 이유가 있었다. 그 백성이 자기네를 그토록 잔인하게 다뤘던 이집트인들을 미워한다고 해서 누가 그들을 심판할 수 있었겠는가? 오늘날식으로 표현하면, 결코 회복할 수 없는 인생과 자유 때문에 그들에게 지불하는 보상금을 누가 아까워했겠는가? 그런데도 모세는 그들에게 "너는…애굽 사람을 미워하지 말라. 네가 그의 땅에서 객이 되었음이니라"(신 23:7)고 명령했다. 이와 비슷하게, 예수님도 제자들에게 "너희 원수를 사랑하며 너희를 미워하는 자를 선대하며 너희를 저주하는 자를 위하여 축복하[라]"(눅 6:27-28)고 말씀하셨다. 예수님의 제자들은 하나님에 의해 자유롭게 된 만큼 자유로운 사람들의 공동체를 세우도록 부름받았다. 그러므로 그들은 모든 증오로부터 자유로워질 필요가 있었다. 증오는 사회에 해악을 끼치고, 증오하는 자를 고대의 파라오, 남부의 감독관, 현대의 독재자, 또는 성범죄자처럼 무자비하게 사로잡기 때문이다. 미국은 과연 인종차별과 성차별을 극복할 수 있을까? 인종 정치와 성 정치가 수행되는 현행 방식으로는 확실히 그럴 수 없다.

부커 워싱턴(Booker T. Washington)은 오늘날 인종 문제와 성 문제에 앞장서는 많은 행동주의자들과 무척 대비되는 복음의 방식을 보여 주는 훌륭한 본보기다. 워싱턴은 버지니아주 프랭클린 카운티에서 에이브러햄 링컨 덕분에 노예 상태에서 해방된 후 모든 원한을 다 떨쳐 버린 놀라운 인물이었다. "나는 어느 누구도, 그의 피부색과 상관없이, 나로 하여금 그를 미워하게 함으로써 내 영혼이 편협해져 타락하는 것을 허용하지 않기로 굳게 결심했다.…나는 너무나 불행하게도 인종 편견을 고수하는 습관에 빠진 사람을 진심으로 불쌍히 여기는 바다."[7] 이런 태도와 대조적으로, 그는 당시에(그리고 오늘날에도) 공적 광장에서 인종적 불의를 계속 부추기는 일을 과업으로 삼는 자들이 있었다고 썼다. "이들 중 일부는 직업을 잃고 싶지 않아서 니그로가 불평을 버리기를 원치 않는다."[8]

부커 워싱턴은 노예로 태어나 KKK의 부상을 보았기에 노예제의 참상을 너무나 잘 알았고, 우리가 오늘날 인종차별을 미워하듯 노예 제도 자체를 미워했다. 그러나 오늘날의 대다수 행동주의자들과는 달리 그는 원한을 품지 않았다. 그런 위대한 아프리카계 미국인들의 정신과 오늘날 인종차별 반대 운동을 하는 많은 행동주의자들의 정신은 얼마나 대조를 이루는지 모른다. 이처럼 노예제에 반대했던 위대한 노예 출신들은 마음속에서 시작되는 자유가 결코 증오를 낳으면 안 된다는 것을 알았던 반면, 마음속에서 자유롭지 않은 행동주의는 증오와 싸운다고 주장하면서도 오히려 증오를 만든다. 증오와 함께 추구된 정의는 더 많은 악과 더 큰 불의로 이끌 따름이다. 정의가 화해와 회복을 초래하려면 진정한 회개, 진정한 용서, 진정한 화해를 고려하는 가운데, 그래서 원한에서 자유로워진 마음으로 추구되어야 한다. 과거는 항상 현존한다. 과거는 분명히 죽지 않았다. 그러나 용서와 화해는 미움에서 독을 빼내어, 과거가 더 이상 현재를 죽이지 않고 현재를 해방시켜 자유로이 미래로 나아가게 만들 수 있다. 회개와 용서를 통해 독이 퍼지는 것을 막을 수 있다. 속박이 깨어졌다. 반작용이 더 이상 작용에 뒤따를 필요가 없다. 종말에 이르기 전이라도 악을 인정하고 억제하면 과거가 어느 정도 구속될 수 있다.

과거로부터 내려오는 만성적 악행이 가득한 나라들, 불의를 바로잡을 필요가 있는 곳에서 이것은 긴급한 사안이다. 예컨대, 영국의 계급 분열과 미국의 인종차별 및 성차별 등이다. 이런 악행들이 해결되지 않으면 이 나라들의 장래는 암담하다. 성경적 회개[히브리어로는 '테슈바'(teshuvah), 헬라어로는 '메타노이아'(metanoia)]의 개념은 단순한 위로 또는 공식 사과보다 더 근본적이고 힘들고 훨씬 더 깊다. 회개에는 다음 세 가지 요소가 있다. 시인(범죄자가 잘못을 저지른 것을 인정함), 고백(범죄자가 잘못에 대해 폭넓게 인정하고 책임을 짐), **변화**(범죄자의 마음에 의미심장한 변화가 일어나서 그가 동일한 환경에서도 그 잘못을 반복하지 않을 것임이 입증됨). 용서는 그런즉 도덕적 태도에서의 완전한 변화(참으로 미안해하는 태도)와 함께 영적이고 사회적인 행위의 변화(탕자처럼 먼 나라에서 유랑하다가 사람과 가족과 공동체를 찾아 집으로 돌아옴)를 포함한다.

진정한 회개와 용서는 근본적이고 실제적인 것이며 오늘날 너무나 필요하다. 둘 모두는 인간의 자유와 선택에 달려 있으며, 그 자유와 함께 과거를 해방시키고 진정으로 다른 미래를 열어 줄 수 있다. 돌이킬 수 없는 과거는 더 이상 불가피한 미래가 아니다. 우리는 새날을 맞이할 수 있다. 회개와 용서가 없다면 잘못은 계속되고, 죄책감과 분노가 쌓이고, 그 결과 폭력, 복수, 피해 의식, 이런저런 형태의 뿌리 깊은 반목만 남는다. 반면에 회개와 용서가 있으면 화해가 가능해지고, 사람이나 국가로의 진정한 귀향길이 활짝 열린다. 악행은 사람을 사람과 가족과 공동체로부터 소외시키고 분리시키며 추방시키는 반면, 회개와 용서는 화해를 이루어 집으로 데려온다.

진정한 화해는 불의를 성경적으로 다룰 때 얻는 가장 두드러진 유익이고, 놀랍게도 시간과 섭리에 대한 성경의 관점이 그 치료책의 중요한 일부다. 성경은 악과 불의를 적나라한 현실주의로 바라보지만 시간, 섭리, 회개할 수 있는 자유와 용서할 수 있는 자유는 악을 억제하는 중요한 열쇠다. 특히 이들은 과거가 미래를 망치려고 위협하지 못하도록 한다. 악과 악행은 어디까지나 악과 악행이고, 그 정체를 밝히 드러내고 다룰 필요가 있다. 역사상 중요한 인물들이 저지른 악행과 불의는 여전히 악행과 불의로 남아 있다. 그러나 악행과 불의는 억제될 수 있고, 어느 정도는 다음의 두 가지 방식으로 변화될 수 있다.

첫째, 악행을 저지른 자들은 회개할 때 그들이 행한 짓을 시간이 지나 뒤돌아볼 수 있고, 만일 그들이 회개한다면 그 악행의 동기를 재구성해서 취소할 수 있다. 물론 행위는 그대로 남는다. 이미 엎질러진 물이라 다시 담을 수 없지만, 그 의향은 변화된다. 그러므로 회개는 소급해서 행위의 동기를 악한 결과로부터 분리시킨다. 행위는 변함없이 흉악하거나 해로울 수 있고, 살인 같은 행위는 결코 돌이킬 수 없다. 하지만 회개하고 고백하는 이들은 이어서 그들 자신에게 불리한 기록을 한다. 그들은 그 행위가 악했음을 시인하고, 그에 대해 책임을 지고, 그 동기를 재구성하여 그것이 잘못되었으며 더 이상 애초에 변명했듯이 옳고 정당화할 수 있는 것이 아님을 안다. 만일 그들이 악행을 저지를 당시에 지금 회개하는 그 행위를 있는 그대로 볼 수 있었다면, 그런 행위를 하지 않았을 테고 다시는 하지 않을 것이다. 그들이 말하거나 행한 것은 잘못이었고, 그들은 죄책을 시인하고 용서를 구한다. 그러므로 과거는 여전히 과거이나, 미래에 비춰 보면 더 이상 **운명**이 아니다. 시간과 회개의 자유(특히 상대방이 베푸는 용서의 자유와 만날 때)는 그 잘못을 완화시키고 억제할 수 있고, 제한된 의미에서 그것을 상당히 변화시킬 수도 있다.

한나 아렌트(Hannah Arendt)는 『인간의 조건』(*The Human Condition*, 한길사)에서 시간과 용서 간의 연결고리를 탐구했다. 우리는 우리 행동의 완전한 결과를 다 알 수 없지만, 일단 행동을 취하면 결코 되돌릴 수 없다. 잘못된 행동은 무심코 저지른 것이라도 마치 빅토르 위고(Victor Hugo)의 『레미제라블』(*Les Misérables*)에 등장하는 자베르 경감의 가혹함처럼 우리를 궁지에 몰아넣는 결과를 낳을 수 있다. 만일 그것이 인류 이야기의 전부이고 용서가 없다면, 우리의 악행은 바빌론의 점성술이나 그리스의 운명론처럼 우리 머리 위에 무자비한 운명을 초래할 것이다. 우리의 운명이 델피 신탁의 목소리—"행동하는 자는 자기가 무엇을 하고 있는지 결코 알지 못하고, 자기가 결코 의도하지 않거나 내다보지 못한 결과에 대해 항상 '죄책감'을 느낄 것이며, 그 행위의 결과가 아무리 끔찍할지라도 그것을 결코 되돌릴 수 없을 것이다"[9]—가 아니라 우리 자신의 책임일지라도, 소포클레스의 오이디푸스처럼 심판받을 운명에 처할 수밖에 없을 것이다. 우리는 취소하고 싶은 말을 내뱉은 적이 종종 있고, 결코 되돌릴 수 없는 행동을 한 적도 때때로 있다. 말과 행동과 손상은 이미 저질러졌고, 저질러졌고, 저질러졌으며, 우리는 그 깨어진 조각들과 함께 살아야 할 운명에 처해진 것 같다.

회개와 용서와 자유는 반드시 연결되어 있다. 회개와 용서는 악행과 같이 인간 자유의 직접적 표현이고, 회개 및 용서의 자유는 이야기를 변화시킬 능력을 갖고 있다. 자유란 사태가 항상 다르게 될 수 있다는 것, 곧 현재의 사태와 다를 수 있다는 말이다. 과거에 결정된 "운명"이 깨뜨릴 수 없어 보이고, "필연성"이 자연스럽고 논리적이고 되돌릴 수 없으며 불가피한 것처럼 보여도, 그 논리는 회개와 용서를 통해 취소되고 상당히 역전될 수 있다. 아렌트의 말을 빌리면, 용서는 "단지 반응만 하지 않고 뜻밖에 새로운 행동을 하되, 이를 촉발한 행위에 구애받지 않고 그 결과로부터 용서하는 자와 용서받는 자를 모두 자유롭게 하는 유일한 반작용이다."[10] 우리에 대한 하나님의 용서든 우리가 서로 주고받는 용서든, 용서가 이야기 속으로 뚫고 들어오면 복수와 보복의 순환이 깨어진다.

둘째, 시간은 또 다른 방식으로 도움을 주기도 한다. 시간은 과거의 행위에 대한 올바른 관점을 제공하고 때로는 명백한 섭리의 손길을 보게 한다. 뒤돌아보면 종종 캄캄한 먹구름 사이에도 은빛 햇살이 있음이 드러난다. 제인 오스틴(Jane Austen)이 『설득』(*Persuation*)에서 썼듯이, "시간이 흐르면 알게 될 것이다." 예컨대, 창세기에서 요셉은 살기등등한 형들이 그에게 행하려 했고 실제로 행했던 것과 그 결과로 자신이 겪은 추방과 노예 생활과 수감 생활을 포함한 모든 것을 뒤돌아볼 만한 능력이 있었다.

그럼에도 그는 "당신들은 나를 해하려 하였으나 하나님은 그것을 선으로 바꾸사 오늘과 같이 많은 백성의 생명을 구원하게 하시려 하셨[다]"고 말할 수 있었다(창 50:20). 형들의 행위는 여전히 악했으나, 그 행위에서 흘러나온 모든 섭리의 결과에 비춰 보면 이를 용서하기가 더 쉬워졌고, 따라서 애초의 악을 억제하고 그 독이 가족을 통해 퍼지고 대대로 전해지는 것을 막을 수 있었다.

이와 마찬가지로, 20세기에는 히틀러의 "최종적 해결"과 그것을 실행한 홀로코스트의 악마적인 악보다 더 악의적인 행위는 없었다. 시간이 아무리 흘러도 그 심판은 완화될 수 없고 완화되어서도 안 된다. 하지만 나치의 혐오스러운 악이 이스라엘 국가의 공인 및 1948년 12월 세계 인권 선언의 통과를 초래한 선함과 연결되었음은 의문의 여지가 없다. 유대인의 눈에는 전자가 "성경 이후 역사에서 다른 어떤 것보다 더 놀라운 구속으로 이끌었다. 즉, 2천 년 동안 흩어져 있던 한 백성이 자기 땅으로 돌아와서 다시 주권 국가로 그 역사를 시작한 유일한 시기였던 것이다."[11]

명백한 교훈이 하나 있다. 오늘날 정의를 부르짖는다고 그것을 결코 자명하거나 그 자체로 정당한 것으로 간주하면 안 된다. 그런 부르짖음은 반드시 평가를 거쳐야 한다. 정의에 대한 다양한 관점과 정의를 추구하는 다양한 방법이 있기 때문이다. '정의'라는 단어만 들어도 경의를 표하는 그리스도인들은 순진한 경우가 많다. 그들은 어쩌다가 악행을 해결하기보다는 오히려 영속화하는 운동에 참여할 수 있다. 스스로가 위대한 히브리 선지자들의 후예라 상상하지만, 오히려 카를 마르크스의 후예들과 오늘날의 급진적 운동들을 위한 "유용한 바보들"이 된다. 보상과 복수를 향해 가차 없이 달려가는 세속적 정의 추구는 종종 분노를 연료로 삼고 불의를 해결할 수 없는 것으로 만드는 데 그칠 뿐이다. 과거가 현재의 발목을 잡지 않게 하려면, 과거를 과거로 유지하고 제2의 기회가 있는 열린 미래를 창조하기 위한 진실, 회개, 용서, 화해가 필요하다. 세속적 정의 추구는 이런 선택지를 제공해 주지 않는다.

현재를 왜곡하는 것

두 번째로 시간을 왜곡하는 방식은 과거와 미래를 희생시킨 채 현재를 확대하는 것, 즉 현재의 왜곡과 관련되어 있다.[12] 명백한 예를 들면, "세대주의"(generationalism)에 대한 열망, 즉 현재를 뒤틀어서 그것을 과거와 미래로부터 절단함으로써 불연속적인 세대라는 측면에서 끊임없이 생각하는 방식이다. 본래 '세대'(generation)라는 용어는 생물학에서 나왔다. 라틴어 *generare*에서 유래한 이 단어는 성경에서 반복되는 "낳았다"(begat)라는 말처럼 출산, 곧 자손을 생산하는 행위를 가리켰다. 따라서 한 세대는 부모를 그 자녀들이 계승하는 데 필요한 시간이었다. 헤로

도토스는 한 세대를 33년으로 기술하고, 앞뒤로 몇 년을 더하거나 빼기도 한다. 따라서 한 세기에는 대략 서너 세대가 있는 셈이고, 중요한 점은 동시대에 사는 이들은 모두 동일한 세대로 간주되었다는 것이다. 누가복음 11장에서 예수님은 "이 세대"를 여섯 번 언급하시는데, 이는 젊은이와 늙은이를 포함한 모든 동시대인을 가리켰음이 확실하다(눅 11:29, 30, 31, 32, 50, 51).

'세대'에 대한 좀더 현대적인 이해는 계몽주의에서 나온 것으로, 생물학 못지않게 문화에 강조점을 두었다. 그러므로 그런 이해는 흔히 그랬듯이 독일 학문(이마누엘 칸트 같은 철학자들)과 프랑스 길거리(프랑스 혁명가들)의 산물이었다. 계몽주의는 혁명을 통한 완전한 정치 변동의 이상을 포함하여 의도적 진보로서의 사회 변동의 가능성과, 변화를 위해 선택된 촉매자로서의 젊은이를 새롭게 강조했다. 당시는 젊은 독일, 젊은 이탈리아, 그리고 훗날의 젊은 터키의 시대였다. 또 다른 중요한 점은, 젊은이가 높아진 만큼 부모와 노인들은 평가 절하된 후 더 이상 권위가 없는 구식의 잉여 인간으로 버려졌다는 것이다.

세대 개념은 생물학과 상반되게 항상 문화가 약간 포함되어 있었는데, 보통은 폭이 넓어서 고전 시대 또는 아우구스투스 시대, 엘리자베스 시대 또는 조지 왕조 시대 등으로 불렸다. 그러나 세계가 근대화되고 변동이 빨라지면서 이 용어는 갈수록 동일한 문화 경험을 공유하는 연령 세대를 가리키는 말이 되었다. 따라서 연대가 곧 운명이 되었다. 예컨대, 20세기 미국에서는 잃어버린 세대(제1차 세계대전) 이후 위대한 세대(제2차 세계대전)가, 이어서 침묵 세대(전후), 베이비붐 세대(1946-1964), X세대(1965-1980), Y세대 또는 밀레니얼 세대(1981-1996), Z세대(1997-) 등이 각각 따라왔다.

이처럼 세대들 간의 간격이 빠르게 좁아지면서 새로운 용법의 몇 가지 특징이 분명해졌다. 강조점은 항상 각 세대의 뚜렷한 특징과 그로 인해 생긴 세대들 간의 확연한 차이에 있었다. '세대'라는 용어가 어떻게 사용되는지를 인식하는 경우는 별로 없었다. 새로운 용법의 결과나 그로 인해 사회에 미치는 위험성에 대한 논의도 없었다. 새로운 용법의 특징들 가운데 다음 몇 가지가 가장 중요시되었다.

첫째, 세대는 정체성을 묘사하는 중요한 방식이 되었다. ("나는 60년대의 자식이다", "그는 베이비부머다", "그녀는 밀레니얼이다.") 따라서 이는 정체성 정치라는 거대한 혼합물에 더해진 하나의 부족적 정체성으로 자리를 차지하고 있다.

둘째, 세대는 새로운 형태의 상대주의가 되어 계급, 인종, 젠더, 종교와 같은 다른 범주들에 더해졌다. ("이건 세대 간의 문제라서 너는 이해하지 못할 거야.") 따라서 "세대적 진리"는 공통성과 객관성에서 나온 하나의 갈래인 만큼 성적 진리, 인종적 진리, 개인적 진리("그녀의 진리", "그의 진리")와 맥을 같이한다.

셋째, 세대는 권위의 위기를 심화시키고 경험적 지혜를 반박하는 역할을 하게 되었다. 아프리카의 한 전통적인 격언은 "한 사람의 노인이 죽으면 도서관 하나가 사라진다"고 말하는데, 세대주의의 본질은 1960년대의 슬로건인 "30세가 넘은 사람은 아무도 믿지 말라!"와 "권위를 불신하라"는 말에 표현되어 있다. 미국인은 로마인이 원로원을 "the Senate"라고 불렀고 미국 의회가 그 명칭을 따랐음을 기억해야 한다. 그 단어는 "노인"을 가리키는 라틴어 *senex*에서 유래했다. 위대한 공화국을 운영하는 데 필요한 지혜를 얻으려면 나이와 성숙함과 노련한 판단력이 꼭 필요할 것이다.

넷째, 세대주의는 더 넓고 장기적인 책임과 연대의 틀을 저해하기 때문에 적자 재정 지출(세대 간 도둑질), 환경 파괴(세대 간 무책임), 낙태(세대 간 살인), 사회적 안보 위기(세대 간 전쟁), 다른 종들의 부주의한 멸종("미래가 우리를 위해 무엇을 해 주었는가?")과 같은 문제들을 억제시키지 않는다. 도스토옙스키(Dostoevsky)는 오래 전 이 문제에 대해 경고했다. "내가 왜 이웃이나 후손을 사랑해야 하는가? 그들은 내가 결코 보지 못하고, 나에 관해 아무것도 모를 뿐 아니라, 아무런 흔적이나 기억도 없이 사라질 텐데 말이다."[13]

그러므로 세대주의는 이른바 "현재의 횡포" 내지는 "단기주의"(short-termism)의 핵심 차원이다. 그런 단기적 사고방식은 만성적인 시간의 노예 상태의 주요 증상이며, 이는 당장의 만족에만 관심을 두는 방종이나 다음에 차려질 식사에만 관심을 두는 타인에 대한 종속으로 표현된다. 건설적인 사업은 시간을 다른 관점으로 바라본다. 이는 당장의 것 너머를 보고, 장기적 비전과 그에 포함되는 모든 것을 요구한다. 고된 노력, 위험 감수, 인내, 기꺼이 만족을 지연하는 태도, 날들을 계산하고 상당한 기간을 견디는 능력 등이다. 오늘의 세계는 분명히 단기적인 것을 선호한다. 금융 세계는 초 단위로, 잡지와 패션 산업은 계절 단위로 움직이며 기업가들은 다음 분기를, 정치인들은 임기를 생각한다. 그 결과 사회주의가 강화되고, 장기적인 것을 고려하지 않는 "일시적 고갈"이 발생하며, "사람들이 현재를 처리하느라 언제나 헐레벌떡하게 만든다."[14]

다섯째, 세대주의는 지속 가능성과 살아 있는 전통의 붕괴를 촉진한다. 전통은 안전한 관리와 안전한 보존으로 존중받는 대신에 과거의 압박이 되고 만다. G. K. 체스터턴과 야로슬라프 펠리칸(Jaroslav Pelikan)의 유명한 말을 인용하면, "죽은 자의 살아 있는 믿음"인 전통이 "산 자의 죽은 믿음"으로 전락해 버린다.[15] 이로쿼이족의 금언 가운데 "다음 일곱 세대들을 위해 좋은 것이 무엇인가?"라는 말이 있는데, 미국인들은 고작 다음 사업 분기 내지는 다음 선거 기간만을 생각할 뿐이다. 전통적인 태도 배후에는 오랜 세월 쌓인 지혜가 단 한 세대의 최고의 지혜보다 낫다는 생각이 있다. 사람은 누구나 죽고 어떤 인간 조직도 시간이 흐르면 힘을 잃지만, 살아 있는 전통은 죽음과 엔트로피를 이길 수 있는 최고의 방법이다(물론 하나님의 부활의 능력에는 못 미친다). 세대 간 공동체라는 개념은 성경에 나오는 언약주의의 핵심이다. 언약을 지키고, 언약을 새롭게 하고, 언약을 유지하라. 그러면 여러분의 조상들은 여러분 안에 계속 살아 있고, 여러분은 여러분의 자손 안에 계속 살아 있을 것이다.

여섯째, 세대주의는 현대의 급진적 개인주의와 병행하고, 인간 본성을 바라보는 많은 현대적 관점들의 고지식함과 유토피아주의를 강화한다. 각 세대는 새롭고 신선한 백지상태에서 시작하고 그 자체의 경험으로만 채색된다는 생각은 단순한 사실도 보지 못하는 오류다. 존 던(John Donne)이 주장했듯이 "어느 누구도 섬이 아니다." 어느 세대나 마찬가지다. 무엇보다도, 죄와 그 결과는 각 세대들을 끊을 수 없는 유대로 연결하고, 우리가 더 큰 대륙의 조각들이며 더 긴 사슬 속의 고리들임을 상기시킨다. 좋든 싫든 선택은 결과를 낳고, 세대들 간의 관계는 어느 수준에서 끊어질 수 없는 것이다. 종종 좋은 결과에 대해, 때로는 나쁜 결과에 대해 이야기하는 옛 격언은 참으로 옳았다. "가문에서 전해 내려오는 가장 깊은 것들은 유언장에 없다." "아버지들의 죄"는 그들의 자녀들에게서, 자녀들의 죄는 그 자녀들에게서 나타나기 마련이다.

일곱째, 세대주의는 장기적이고 멀리 떨어진 것을 실재하지 않으며 고려할 가치가 없는 것으로 취급한다. 식민지 시대에 개척자들은 이미 그 땅에 있던 원주민과 상관없이 그곳을 식민지로 삼으려는 권리를 정당화하기 위해 '무주지'(terra nullis, 누구의 영토도 아님)라는 법적 용어를 사용했다. 그와 마찬가지로 우리는 지금 미래를 식민지로 삼고 있다고들 한다. "작은 여기"와 "짧은 지금"에 사는 우리는, 우리의 행동과 생활방식이 우리 후손의 삶에 미칠 영향과 상관없이 미래를 '텅 빈 시간'(tempus nullius)으로 취급하고 있는 것이다.[16]

이 모든 이유 때문에 세대주의는 마땅히 전통을 성공적으로 전수하는 것에 의존하는 모든 집단—가족, 기업, 영국과 호주와 캐나다와 미국 같은 민주주의 국가들 또는 유대교 공동체와 기독교 공동체 등—에게 중요한 관심사가 되어야 한다. 대대로 전수하는 것은 일찍이 유대교가 그랬듯이 기독교 신앙의 핵심에 있는데, 이는 하나님의 성품 때문이다. 하나님은 자신을 "스스로 있는 자"(I am, 더 정확하게는 I will be who I will be)로 계시하시고, 직후에 "이는 나의 영원한 이름이요 대대로 기억할 나의 칭호니라"(출 3:14-15)고 덧붙이셨다. 한마디로, 궁극적으로, 영원히 하나님은 "<u>스스로 존재하는 분</u>"이다. 공간과 시간을 비롯해 다른 모든 것을 창조하신 하나님은 "주 하나님 곧 전능하신 이여 전에도 계셨고 이제도 계시고 장차 오실 이"시다(계 4:8). 우리 주님이신 예수님은 "어제나 오늘이나 영원토록 동일하시니라"(히 13:8).

이 진리는 유대교와 기독교 신앙의 심장에서 고동친다. 모세는 죽기 전 이스라엘 백성과 맺은 하나님의 언약을 갱신할 때, 자기 앞에 선 이들뿐 아니라 미래 세대들을 대상으로 명시적으로 연설한다. "내가 이 언약과 맹세를 너희에게만 세우는 것이 아니라 오늘 우리 하나님 여호와 앞에서 우리와 함께 여기 서 있는 자와 **오늘 우리와 함께 여기 있지 아니한 자**에게까지이니"(신 29:14-15, 강조체는 추가한 것). 당대의 가장 위대한 지도자였던 느부갓네살왕조차 하나님과 비교하면 그의 막강한 제국이 덧없는 것임을 시인하지 않을 수 없었다. "그의 나라는 영원한 나라요 그의 통치는 대대에 이르리로다"(단 4:3). 히브리인 시편 기자가 "주여, 주는 대대에 우리의 거처가 되셨나이다"(시 90:1)라고 외친 것도 놀랄 일이 아니다. 따라서 오늘날 세대를 바라보는 태도는 우리가 아는 하나님과 정면으로 부딪히고, 각 세대를 하나님의 얼굴 앞에서 차례로 행진하는 군대와 같이 보는 성경의 견해와 완전히 상반된다. 그러나 설사 우리에게 문제가 있을지라도, 성경의 회복적 관점은 또한 세대를 희망적으로 바라본다. 치유는 결코 개인에게만 국한되지 않고 여러 세대들을 포함한다. "그가 아버지의 마음을 자녀에게로 돌이키게 하고 자녀들의 마음을 그들의 아버지에게로 돌이키게 하리라. 돌이키지 아니하면 두렵건대 내가 와서 저주로 그 땅을 칠까 하노라"(말 4:6).

이 장대한 성경의 관점에서 보면, 세대들은 인류의 맥박이고, 각각의 모든 세대는 하나님께 가까이 있고 그 시대에 대해 하나님께 책임을 져야 하며, 한 세대에서 다른 세대로의 전수는 인류에게 매우 중요한 만큼 하나님의 백성에게도 그러하다. 가족, 국가, 또는 교회가 최선의 것과 가장 지혜로운 것을 다음 세대로 전수하지 못한다면 재앙이 임하리라. 전수하는 방법은 물론 다양하고, 그 차이가 차이를 낳기도 했다. 고대 세계는 대체로 그 업적을 이집트의 피라미드와 그리스-로마의 조각상 같은 기념비와 상으로 기념했지만, 유대인은 여러 이야기와 인간의 마음, 그리고 가문과 학교 교육에 의존했다. 전자가 실패한 이유는 기념비와 조각상들은 이를 만든 사회보다 오래 남았고 결국 그것을 둘 곳은 박물관밖에 없었기 때문이다. 반면에 후자가 성공한 이유는, 마음의 습관은 무형의 것이지만 눈에 보이는 기념물들보다 오래 남았고, 본래의 이웃 국가들보다 오래 살아서 그들을 파괴하려고 한 극악한 시도들에도 불구하고 살아남은 백성을 지탱해 주었기 때문이다.

랍비 색스의 말을 다시 인용해 보자. "모세가 가르쳤고 유대 백성이 발견하게 된 바는 이것이다. 당신은 피라미드나 조각상을 세운다고 불멸에 이르는 것이 아니라, **당신의 가치관을 자녀들의 마음에 새기고 그들은 그들 자녀의 마음에 새겨, 우리 조상이 우리 안에 계속 살아 있고 우리는 우리 자녀들 안에 살아 있으며 이렇게 종말에 이르기까지 계속 이어짐으로써 불멸에 이르게 된다.**"[17] 장기적인 사고방식은 항상 유대인식 사고의 중요한 특징이었으며 그래야만 했다. 랍비 색스는 영국의 유대교 최고 랍비로 지내는 동안 늘 이렇게 물었다. "우리가 유대인 손주들을 볼 수 있을 것인가?"[18]

기독교의 여러 전통들 사이에 전통과 전수를 바라보는 매우 다른 태도가 있다는 것은 말할 필요도 없다. 예컨대, 한편에 있는 동방 정교와 가톨릭교회, 다른 편에 있는 개신교 자유주의와 복음주의 사이에는 큰 간극이 있다. 연속성과 변화 모두 역사에 내재되어 있고 피할 수 없지만, 동방 정교와 가톨릭은 전자를 선호하고 개신교 자유주의와 복음주의는 후자를 선호한다. 자유주의자들은 그 원칙을 극단까지 몰고 가는 바람에 자살을 초래했고, 극단적인 자유주의적 수정주의는 문자 그대로 미래가 없다. 그러나 많은 복음주의자들 역시 균형을 잃었고 부정적 의미로 '전통적'이라는 냄새만 나면 과민 반응을 보이는 어리석음을 저지른다.

역사가들은 팔레스트리나(Palestrina), 알레그리(Allegri), 탤리스(Tallis)와 같은 인물들이 작곡한 교회 음악은 복음이 서구 문명에 준 최고의 선물 중 하나이고, 사르트르 대성당이나 링컨 대성당 같은 장엄한 유럽 성당들의 찬란함과 어깨를 나란히 한다고 말한다. 그런데 이런 풍부한 보물이 많은 복음주의자들에게는 미지의 세계이고, 복음주의 예배 음악이라고 하면 종종 2000년도 이후에 작곡된 노래를 가리키며 심지어는 아일랜드의 켈트 음악, 아시시의 프란체스코, 아이작 와츠(Isaac Watts), 찰스 웨슬리(Charles

Wesley), 패니 크로스비(Fanny Crosby)의 풍부한 유산도 포함되지 않는다. 그럼에도 키스 게티(Keith Getty), 스튜어트 타운엔드(Stuart Townend), 맷 레드먼(Matt Redman) 등의 풍성하고 깊은 찬양들처럼 장차 고전이 될 훌륭한 예외를 주신 하나님께 감사드린다. 그러나 많은 평범한 복음성가들, 멜로디보다는 리듬을 바탕으로 구성되고 한없이 반복되는 그런 노래들은 복음주의자들을 얄팍한 신학, 빈약한 예배, 덧없는 적실성, 역사적 기억 상실증 안에 가둔다. 무엇보다도, 그런 노래들 때문에 복음주의자들은 신자들이 대대로 하나님의 영광에 반응하며 불렀던 집단의 찬송을 빼앗긴다. 그리스도인들이 정치적 올바름을 주장하는 사상가들, 곧 자신들의 현재 감수성에 거슬리는 과거의 것이라면 무엇이든 혐오하는 사람들을 무시하는 것은 타당하다. 그런 사상가들은 3천 년에 걸쳐 형성되어 온 우리 문명의 "세기의 대화방"에 들어가길 거부한다. 그런데 이와 비슷하게, 오늘날의 많은 기독교 음악도 오랜 세월에 걸친 위대하고 풍부한 "세기의 예배"에 대해 전혀 모른 채 유치하게 스스로를 2000년도 이후의 음악 세계에 가둬 놓고 있다.

그런 음악은 부드러운 설교와 적실성 및 혁신에 대한 일반적인 유행과 마찬가지로 오늘날 너무도 많은 복음주의적 교회 개척이 스스로의 약속을 지키지 못하는 이유가 된다. 이는 오래된 참나무 숲보다는 금방 자랐다가 재빨리 사라지는 버섯밭과 비슷하다. 많은 이들이 거듭 말해 온 "다음 세대를 전도하기 위해 한 세대가 희생되어야 한다"는 교회 성장 격언은 듣기 좋은 이야기였다. 그러나 이는 잘못된 가정을 중심으로 삼고 있으며, 계승이야말로 복음주의적 교회 성장의 치명적 약점이라는 사실을 말해 준다. 계승되지 않는 교회 성장의 "성공"은 언제나 결국에는 실패로 입증될 것이다. 그들은 과연 복음주의자 손주와 증손주를 보게 될 것인가?

이런 사항들을 함께 고려해 보면, 각 세대가 스스로 인식하는 것보다 더 많은 결함이 있는 이유를 알 수 있다. 그리고 자연스레, 그다음 세대는 그 사실을 알고 또 그것을 초월하고 싶어진다. 어느 세대도 스스로의 생각만큼 성공적이거나 건강하지 못하다. 각 세대는 항상 결함이 있어서 차세대의 반발을 불러일으키는데, 이는 그 세대가 젊었을 때 이전 세대에 반발했던 것과 같다. 그러므로 모든 세대는 현실적이고 겸손해야 한다. 나이 든 세대뿐 아니라 젊은 세대도 그래야 한다. 세대 간의 긴장은 피할 수 없다. 늙은이는 한때 젊은이였고, 모든 젊은이는 언젠가 늙을 것이다. 선구자는 얼마 지나지 않아 (변화를 반대하는) 창단 멤버가 되고, 자칭 신흥 세력은 장차 오래되어 사라질 것이며, 최고로 빛나는 청춘도 나이 들어 죽을 것이다.

이런 사실을 이해한다면 그리스도인은 권태나 냉소주의에 빠지면 안 된다. 이는 그런 문제를 극복하는 소망이 현실주의에 단단히 닻을 내려야 한다는 뜻이다. 여러 세대 역시 타락한 세상에서 영위하는 삶의 영향을 받지만, 시간과 역사의 흐름에서 자신들의 중요성을 간과하면 안 된다. 과거와 현재와 미래는 하나이며 나눌 수 없으므로, 과거와 미래를 희생시킨 채 현재에만 특권을 부여하는 세대주의는 교회에 재난과도 같다. 온통 현재에만 집착하는 많은 그리스도인은 만성적인 근시안에 시달린다. 그런데 그들은 근시안적이라서 과거를 잊을 뿐만 아니라 미래를 준비하지도 못하고, 아울러 현재 자신들이 받은 소명을 단단히 붙잡지도 못한다. 세상과 결별하도록 부름받은 그리스도인은 모든 세대에 충분히 관여하되 어느 세대에서도 결코 고향과 같은 편안함을 느낄 수 없다. 예수님을 따르는 자들에게 당장의 것은 결코 궁극적이지 않고 잠정적인 것에 불과하다. 우리는 항상 공간적으로나 시간적으로나 "거류 외국인"이다. 망명자라는 인식을 늘 품고 우리의 궁극적 본향을 갈망하는 마음은 세속화에 대한 면역력의 중요한 부분이고, 앞으로 돌진하는 소망과 함께 그리스도인다운 독특성과 신실함을 유지하는 방법이다.

미래를 왜곡하는 것

세 번째로 시간을 왜곡하는 것은 미래와 관련되며 3장에서 언급한 다양한 형태의 진보주의를 중심으로 한다. 3장의 내용은 대체로 정치적 진보주의에 관한 것이었는데, 종교적·신학적 진보주의에서도 동일한 결함들이 발견된다. 두 종류의 진보주의를 묶어주는 것은 그 시작과 끝이다. 두 가지 모두는 끊임없고 자동적이고 자명한 진보라는 계몽주의 신조에 대한 순진한 믿음으로 시작하는데, 이는 "더 새로울수록 틀림없이 더 옳다"와 "가장 최근의 것이 가장 멋지다"는 믿음을 말한다. 캐나다인 저자 존 랠스턴 솔은 비꼬듯 말했다. "관념을 전달하는 사람들의 일반적 약점은 그들의 말이 과거와의 결별과 새로운 출발을 상징한다고 스스로를 확신시킬 수 있다는 점이다."[19] 그리고 둘 다 애초의 확신을 배신하며 끝난다.

오웬 바필드(Owen Barfield)는 근원적인 진보적 시간관을 "연대기적 우월 의식"이라 불렀는데, 예전의 사고방식은 오늘의 사고방식이 아니라는 이유로 열등한 것으로 간주되기 때문이다. C. S. 루이스는 이를 현대적 사고방식의 "치명적 음렬주의"(the fatal serialism)라 일컬었다. 마치 숫자 1이 항상 숫자 2로 이어지고 숫자 3이 항상 숫자 2에 따라오듯이, 오늘에서 내일로의 이행은 항상 "현 상태"에서 "더 나은 상태"로의 진보라고 여겨진다. 요컨대, 시간상의 위치가 진리의 우선순위를 지배하는 것이다. 시간을 둘러싼 이런 오류는 "통계적 눈덩이 굴리기"의 한 형태인 규모에 대한 순진함과 유사하다. ["더 클수록 더 낫다"와 "더 많을수록 더 중요하다." 카를 구스타프 융(Carl Gustav Jung)의 말을 빌리면, "다수가 있는 곳은 안전이 있고,

다수가 믿는 것은 물론 진리임에 틀림없다."][20]

　종교적 진보주의 또는 수정주의는 18세기 이래 교회를 끈질기게 따라다녔는데, 먼저는 자유주의 개신교인들 사이에서 그랬고 지금은 자유주의적이고 진보적인 가톨릭교도들과 자유주의적이고 진보적인 복음주의자들 사이에서 그렇다. 사실 미래 편에 서는 것이 불가피하다는 주장은 현대의 많은 이단과 배교의 초기 증상이다. 라인홀드 니버는 그 저변에 깔린 병폐를 "한 시대 특유의 편견에 굴복하고픈 유혹"이라고 공격했다.[21] 독일의 개신교 신학자 프리드리히 슐라이어마허(Friedrich Schleiermacher)는 선구적으로 동료들에게 "복음을 경멸하는 교양 있는 자들에게 다가가라"고 요청했다. 그 목표는 칭찬할 만한 것으로 들리지만, 슐라이어마허 자신과 그 요청에 귀 기울인 이들은 목표를 부주의한 방식으로 추구했다. 그들은 그런 사람들에게 다가가 사실상 그 무리에 합류했다. 그들은 교회와 세상 간의 간격을 줄이다 소실점까지 이르렀다. 그러면서 세상이 복음을 믿기 쉽게 만드는 대신 오히려 교회와 세상이 기독교 신앙을 의심하거나 불신하기 쉽게 만들었고, 그로 인해 대대로 내려온 그 신앙을 새롭고 수정된 형태의 신앙이라는 이름으로 팔아 버렸다.

　그 전반적인 과정 및 결함들을 다른 곳에서 상세하게 묘사한 바 있지만, 여기서도 이를 간략하게 언급할 필요가 있다. 그와 동일한 배신이 다른 많은 세대에서 비슷한 방식으로 일어나며 그

중심에 시간의 왜곡이 있기 때문이다.[22] 첫째, 진보주의자(또는 신학적 자유주의자나 수정주의자)들은 현대적 삶이나 사고방식의 어떤 측면이 그리스도인들이 여태껏 믿어 온 것보다 우월하다고 **가정한다**. 둘째, 진보주의자들은 이 새로운 가정과 들어맞지 않는 것은 모두 **버린다**. ("우리는 이것도 저것도 다른 것도 더 이상 믿을 수 없다.") 셋째, 진보주의자들은 신앙의 남은 부분마저 모조리 새로운 가정에 **맞춘다**. 넷째, 진보주의자들은 그들의 신앙을 새로운 관념 체계에 **동화시킨다**. 그 결과는 "기독교적 모양"처럼 보이지만 실은 완전히 흡수되고 배신한 모습이다.

이러한 진보적 수정주의의 예는 상당히 많다. 예컨대, 자유주의자 중의 자유주의자였던 아돌프 폰 하르나크(Adolf von Harnack)의 자유주의적 개신교는 예수님을 어떻게 보았던가? 한 비판가는 "하르나크가 보는 그리스도는 깊은 우물 바닥에 비친 한 자유주의적 개신교인 얼굴의 반영체다"라고 말했다.[23] 슐라이어마허에서부터 오늘날의 젊은 복음주의적 진보주의자들에 이르기까지 동일한 이야기가 거듭 반복되어 왔고, 그 결과는 항상 동일한 배신이다. 그것은 진리뿐만 아니라 사랑의, 실은 "첫사랑"의 배신이고, 이 때문에 성경에서 하나님은 배교를 간음으로 간주하신다.

신앙의 수정주의 가운데 최악의 형태는 대체로 성 혁명의 유혹에 굴복한 결과이고, 이 때문에 "부정함"과 "간음과 마찬가지인 배교"라는 개념이 더욱 가슴 아프게 다가온다. 그런 기독교 진보주의자들은 입 맞추는 유다들, 배반자들, 협력자들, 동조자들, 제5열 분자들, 부역자들, 변절자들, 반역자들 등 다양하게 묘사되어 왔다. 그들의 노력이 낳은 비참한 결과도 그와 비슷하게 평가받았다. 한 사회 비평가는 극단적인 진보적 수정주의가 "귀류법", "신학적 할복자살", "기이함에 가까운 열광으로 착수한…자기 제거", "지적 장애 또는 제도적 자살이라는 기이한 징후"가 된다고 말했다.[24]

진보주의자들이 수 세기 동안 기울인 노력을 조사하고 그 결과를 평가해 보라. 도무지 피할 수 없는 다음 질문에 직면하게 될 것이다. **그토록 많은 그리스도인들이 적실해지려고 그토록 열심히 노력했는데 대체 어쩌다가 그토록 적실성을 잃어버렸는가?** 200년 동안 신앙을 재창조하고 교회를 재설계하려고 진지하게 헌신한 끝에, 우리는 참으로 당혹스러운 사실을 직면하고 말았다. **그리스도인들이 유례를 찾을 수 없을 만큼 열심히 적실성을 추구했으나, 유례를 찾을 수 없을 만큼 적실성을 잃고 말았다**는 사실이다.

여기서 나의 취지는 어떤 사상가들이나 저자들을 겨냥하려는 게 아니라 그 서글프고 초라한 과정이 왜곡된 시간관에서 시작된다는 것을 보여 주려는 것이다. 과학과 기술의 변화는 극적으로 진보할지 모르지만, 신앙과 윤리는 동일한 길로 계속해서 나아가지 않고, 신적 계시는 비록 우리의 이해가 조정되어야 할지라도 시간을 초월한다. 하지만 적실성의 추구자들이 적실성을 잃는 데서 끝나지 않는다. 지난 2세기에 걸쳐 또 다른 기이한 현상이 서구 교회에 두드러지게 나타났다. **기독교 신앙과 이질적인 주요 이데올로기에는 결코 사로잡히지 않을 그리스도인들이 적실성이란 유혹에 빠져, 똑같이 이질적일 뿐 아니라 이데올로기의 축소판에 불과한 수많은 일시적 유행들에 열광적으로 빠져 버렸다.**

유행은 "이데올로기의 축소판" 내지는 "최저 형태의 이데올로기"로 불려 왔다.[25] 다이어트, 운동, 옷, 요리, 또는 교파 등 이른바 "최신형"에 대한 열광은 오래가지 않는다. 그러나 각 유행이 지배하는 기간은 짧더라도, 받아들이는 사람들에게는 사회적 인정이라는 왕권을 제공하고, 지지하는 사람들에게는 부를 안겨 주고, 멸시하는 자들은 구석으로 밀어내며, 현대인에게 "단번에 적용되는 만병통치약에 대한 욕구"가 있음을 거듭 입증해 준다.[26]

적실성 자체는 문제가 아니다. 올바르게 이해한다면 적실성이란 현재의 문제와 적절한 관계를 맺는 것을 말한다. 따라서 자기 자신과 자신의 삶을 예수님의 복음에 의해 규정하는 이들은 누구보다도 가장 적실해야 한다. 적실성은 예수님 메시지의 핵심이다. 복음은 좋은 소식이며, 참으로 역사상 가장 좋은 소식이다. 복음은 다른 어떤 것도 그렇게 할 수 없을 정도로 우리 인간이 처한 조건을 정확하고 적절하며 효과적으로 다룬다. 그것도 각 세대마다, 각 문화마다, 각 인생마다, 전 세계 모든 시대에 걸쳐 그렇게 한다. 물론 그리스도인들이 복음을 이런저런 방식으로 왜곡하거나 축소해서 적실성을 잃게 만들 수 있다. 그러나 예수님의 복음 자체는 완전히 적실하다. 그렇지 않으면 좋은 소식이라 부를 수 없다.

스스로 진보적이라고 자화자찬하는 시대에 적실성이 주는 도전은 적실해질 뿐 아니라 신실해지는 것이다. 그 해답은 반시대성의 시기적절함을 깨닫는 것이다. 즉, "선지자적 반시대성"(prophetic untimeliness)을 되찾고 "저항적 사고방식"의 기술을 개발함으로써, 현 시대의 매혹적인 유혹과 미래에 대한 집착에도 불구하고 반시대적 백성이 될 용기를 품는 예수님의 제자들이 되는 것이다.

선지자적 반시대성은 철학자 프리드리히 니체의 말을 변형한 것이지만, 그 독일인 우상 파괴주의자보다는 히브리 선지자들의 전례를 따라 형성된 용어다. 니체는 독자적 사상가들은 항상 그들 세대의 관습적 지혜와 조화될 수 없을 것임을 내다보았다. 그들은 유행과 순응의 덫에 빠진 당대의 사상가가 되기보다 내일과 모레의 사상가들이 될 것이다. 요컨대, 니체는 『반시대적 고찰』(*Untimely Meditations*, 책세상)에서 그들이 "반시대성의 사람들" 혹은 "철 지난 사람들"이 될 것이라고 썼다. "그들의 고향은 현 시대가 아니다."[27] 그들은 다른 관점과 신념에서 유래한 가장 훌륭한 분별력과 가장 영구적인 비전을 가질 것이다. 니체와는 대조적으로, 히브리 선지자들의 독자적 사상이 향하는 나침반은 개개인의 천재성이나 사회적 아집이 아니라 "주께서 말씀하시되"의 결정적 권위였다.

그런 선지자적 반시대성의 비결을 C. S. 루이스는 1945년에 쓴 에세이에서 "저항적 사고방식"으로 묘사했다.[28] 이는 한편으로는 적실성을 추구하고, 다른 한편으로는 기독교 메시지 가운데 당대와 들어맞지 않는 요소들을 끈질기게 의식하면서 양자의 균형을 맞추는 사고방식이다. 만약 복음과 시대정신 간의 자연스러운 어울림만을 강조한다면, 우리는 진짜 복음보다 우리 시대에 더 가까운 쉽고 편안한 복음을 갖게 될 것이다. 예컨대, 인간의 온갖 열망에 대한 대답은 다 주면서도 정작 자기부인과 희생은 언급하지 않는 것 말이다.

반면 복음의 어렵고 모호하고 심지어 불쾌한 주제들이라 할지라도, 우리가 어떻게 할지 잘 모른다고 해도, 적실하다고 확신하면서 그것들을 강조해 보라. 그러면 우리는 온전한 복음에 충실할 수 있을 것이다. 그리고 놀랍게도 우리는 우리 세대뿐 아니라 다음 세대와 그다음 세대에도 적실성을 얻을 것이다. C. S. 루이스는 동일한 원리가 신앙과 과학에 모두 해당된다고 말했다. "진보는 저항적 재료로만 만들어질 수 있다."[29] 따라서 저항적 사고방식은 신실하게 적실성에 이르는 길이다.

슬프게도, 이 단락에서 가장 불편한 단어는 '선지자적'(prophetic)이다. 선지자들은 오늘날의 전염병이고 아마도 모든 시대의 전염병일 것이라고 유대인 저자 프리모 레비(Primo Levi)는 선언했다. 그는 자기가 선지자들을 민족의 유산으로 물려받았지만 선지자들을 믿지 않는다고 주장했다. 물론 오늘날은 참된 선지자가 별로 없고 가짜들이 줄줄이 등장하기 때문에 거짓 선지자들을 경계하는 것은 옳다. 많은 기독교 진영에서 "선지자적"이란 말은 제어되지 않는 카리스마적 직감이나 현상 유지에 반대하는 좌파들의 장광설에 대한 약칭으로 사용된다.

그러나 그런 짝퉁의 위험에도 불구하고, 하나님의 말씀을 전하는 선지자의 자리는 너무 중요해서 결코 포기할 수 없다. 어쩌면 대문자 "Prophets"를 소문자 "prophets"로부터 구별해도 좋겠다. 전자는 아모스, 호세아, 이사야, 예레미야처럼 하나님에게서 직접 명시적이며 초자연적인 말씀을 듣고 "주께서 말씀하시되"라고 정당히게 말힐 수 있는 사람들이다. 후자는 자신들의 인생과 시대를 성경의 관점에서 해석하려고 노력하고 크고 작은 기술로 "시대의 징표"를 읽되, "이것이 주님의 말씀이다"라는 식으로 그 권위와 무오성을 주제넘게 외치지 않는 사람들이다.

예수님을 따르는 모든 이들은 이 두 번째 의미의 선지자로 부름받았다. 즉, 신앙의 관점에서, 영원성이라는 측면 아래서, 우리가 알 뿐 아니라 **행해야** 할 일에 항상 주목하면서 사건들을 해석하도록 부름받았다. 선지자적 눈으로 보면 현재는 그저 동떨어진 시간의 한 조각이 아니다. 현재의 중요성은 과거 및 미래와의 연합과 양자가 현재에 기여하는 의미와 관련이 있다. 이런 식으로 말하다 보면 때로 우리가 틀린 것으로 판명될 수 있다. 놀랄 일은 아니다. 우리는 유한하고 타락한 존재이므로 잘못 해석할 수 있어서 늘 교정에 열려 있어야 한다. 그러나 우리는 시대의 징표를 읽으려고 애쓰는 가운데 하나님 아래서 늘 겸손한 자세로 징표를 보고 해석할 권리와 의무가 있다.

그러면 우리가 현대 세계에서 직면하는 분별의 문제는 무엇인가? 다음과 같이 간단하게 말할 수 있다. **적실성에 대한 우리의 현대적 견해가 심각하게 왜곡된 이유는 미래에 대한 현대의 매혹 자체가 현대 세계의 핵심에 있는 시계 문화의 사생아이기 때문이다.** 우리는 현대적 시간관을 자연스럽고 자명한 것으로 여기지만, 사실은 그렇지 않다. 그 시간관은 매우 유별나고, 유익한 면과 해로운 면이 다 있다. 그러므로 우리는 뒤로 물러나서 시간의 세 개의 얼굴을 모두 이해하는 더 넓은 관점에서 상황을 바라볼 필요가 있다.

그렇다고 모든 진보주의자들과 수정주의자들이 나쁜 신앙에 대해 죄책감을 느끼며 그들의 부정함과 불충함을 인식하고 있다는 말은 아니다. 그들 중 일부는 정말 무조건적으로 신봉하고, 일부는 응분의 답례를 하고, 또 일부는 매우 성실하고 단지 최선을 다하려 한다. 우리가 판단할 것은 동기가 아니라 결과다. 신실함을 추구하는 사람들에게 중요한 것은 선지자적 반시대성의 대가를 솔직히 인정하는 것이다. 한 가지 딜레마가 있다. 곧 진정한 초시간성은 거짓된 현대의 시기적절함을 거부하는 반시대성에 있다는 것이다. 그러나 그런 입장은 값비싼 대가를 치른다. 우리의 순간을 붙잡는 것은 현대 세계의 그릇된 모델에서 등을 돌리고 하나님 아래에서만 보이는 진정한 순간과 진정한 시간을 보는 일에 달려 있다. 그런데 그 관점은 또한 압박감을 수반한다. 시기적절하지 못한 사람들은 물결을 거슬러 헤엄치고 있는 자신의 모습을 보게 된다.

요즘 유행하는 잘못된 적실성은 인기 있고 유리하며 너무나 쉽다. 그러나 신실함과 함께하는 적실성은 터무니없이 큰 대가를 치러야 한다. 위대한 아일랜드 정치인이자 웅변가였던 에드먼드 버크(Edmund Burke)에 대해 "버크는 항상 옳았지만 너무 빨리 옳았다"고 말해지곤 했다. 하지만 그것은 여기서 가장 작은 문제다. 선지자적 반시대성은 그 시대와 보조가 맞지 않기 때문에 큰 대가를 치르게 한다. 흔히 내부 고발자들의 경험이 명백히 보여 주듯, 그리고 선지자들과 사도들의 삶이 최고 수준에서 입증하듯이, 참된 적실성을 추구하는 이들은 쾌활한 신자로 남을 수 없다.

선지자적 반시대성은 신중하게 비용을 계산할 것을 요구한다. "증인"을 가리키는 헬라어 단어가 "순교자"에게 사용된 것은 우연이 아니다. 예수님의 좋은 소식에 대한 증인이 될 만한 준비를 갖춘 사람들은 그 비용을 계산하지 않으면 안 된다. 분명히 그들은 복음이라는 값을 매길 수 없는 보석을 위해 자신의 생명조차 희생할 만하다는 결론에 도달했다. 그들이 그 시대에 취한 시기적절하지 않은 입장은 사실상 초시간적인 입장이었다. 그들과 그들의 가족이 실로 큰 대가를 치렀고, 그들은 기꺼이 최고의 값을 지불할 준비가 되어 있었다는 사실은 무엇으로도 포장할 수 없을 것이다.

6.

끝은 끝이 아니다

역대 최고의 소식인 좋은 소식은 여전히 최고의 소식이고, 현재의 역사와 대비해도 더더욱 그렇다. 하지만 서구의 많은 교회들은 낙심의 분위기가 팽배한데, 이는 반드시 대응해야 할 문제다. 이런 분위기는 믿음이 아니라 환경으로 말미암은 것이며, 불합리하진 않아도 상당히 불필요한 것이다.

중국 교회의 이야기는 사물을 달리 보는 법을 잘 보여 준다. 우리 가족 중 네 사람이 중국에 묻혔다. 아일랜드인 할아버지, 숙모, 그리고 나의 두 형제다. 할아버지는 케임브리지에서 교육받고 의사 훈련을 받은 후 19세기 말에 중국에 가서 서양 의료의 선구자 중 한 사람이 되었다. 그는 청나라의 수도 베이징과 11세기 송나라의 수도였고 그 당시 세계 최대의 도시였을 카이펑에서 살며 일했다. 그러던 중, 병이 위중해서 많은 이들이 가까이 가기도 두려워했던 한 황실 군인을 직접 치료하다 발진티푸스에 걸려 54세의 나이로 돌아가셨다. 훗날 문화 혁명 기간에 날뛰던 홍위병들이 많은 외국인의 묘와 나란히 베이징에 있던 할아버지의 묘를 파헤쳐서 훼손했다.

나의 부모님은 두 분 다 중국에서 태어나 영국에서 교육받고, 할아버지가 설립하신 허난성의 병원에서 일했다. 제2차 세계대전이 발발했을 때 우리 가족은 거기에 있다가 곧 일본군과 공산군과 국민군에 둘러싸이게 되었다. 당시에 우리는 메뚜기의 습격으로 인한 1942-1943년의 끔찍한 기근과, 국민을 돌보지 않고 자기 군인들을 위해서만 양식을 비축한 장제스 장군의 무정한 정책으로 인해 큰 고통을 당했다. 그 끔찍한 상황에서 세 달 만에 허난성 주민 가운데 500만 명이 죽었고 나의 두 형제도 세상을 떠났다. 나도 죽다시피 했다. 의사였던 어머니도 죽을 뻔했다. 부모님이 나를 데리고 양식을 찾아 나섰다 안전한 곳에 이르렀는데, 그곳은 약 천만 명 정도로 추정되는 피난민들의 행렬 한가운데였다.

달리 말하면, 나의 부모님과 조부모님은 중국에서 사역하는 동안 굉장한 대가를 치르셨다. 그런데도 그들은 기나긴 중국 역사의 기억할 만한 그런 시대에 중국인들을 섬기는 것을 특권으로 여기며 항상 감사와 기쁨이 충만했다. 1949년 공산당이 최종 승리를 거둔 후, 부모님은 체포되어 누명을 쓰고 여러 해 동안 난징에서 가택 연금을 당했다. 마침내 풀려난 후 부모님은 영국으로 돌아가서 그들의 이야기를 전했고, 나중에는 아시아의 다른 지역에서 중국인들과 사역을 재개했다.

말할 필요도 없이, 부모님은 중국을 떠날 때 깊은 슬픔과 실망과 염려에 빠졌다. 그들의 사역이 느닷없이 중단되었고, 그들이 남겨 둔 사람들은 마오쩌둥 아래서 끔찍한 고통과 박해를 당했기 때문이다. 그러나 그들은 결코 낙담하지 않았다.

아버지가 대중 집회에서 강연을 하면 사람들이 종종 이렇게 말하곤 했다. "정말 유감입니다. 그 모든 사역이 낭비된 것이 어떤 느낌일지 도무지 상상할 수 없어요."

그러면 아버지는 답했다. "낭비되었다고요? 우리는 씨앗을 뿌리는 특권을 누렸고, 현재 일어나는 일은 하나님께 달려 있지요."

근대 선교가 시작된 지 150년이 넘었을 때에도, 공산당이 지배하던 중국에서 그리스도인의 수는 75만 명도 되지 않았을 것이다. 교회 개척은 만만치 않았고 잔인한 조직적 박해가 뒤따랐으며, 심지어는 서양의 많은 이들이 공산주의자 편에 서서 모든 선교 사역을 식민주의라고 비난하기도 했다. 하지만 50년이 지나자 그 중국 그리스도인들은 여전히 굳건했을 뿐 아니라 기하급수적으로 증가했다. 현재 중국의 그리스도인은 1억 명 이상으로 추산되고, 공산당원보다 많은 것이 확실하며, 공산당원 중 다수가 그리스도인이 되기도 했다.

그래서 아버지가 90세에 중국을 마지막으로 방문했을 때, 아버지는 우리가 처음 살았던 허난성이 기독교 2천 년 역사상 가장 급속한 성장의 중심지가 되었다는 사실을 알게 되었다. 우리가 가장 나중에 살았던 난징은 세계적인 성경 인쇄의 수도가 되었다. 런던 「타임스」에 실린 아버지의 사망 기사에는 그분이 50년

전에 기독교 신앙으로 인도한 한 중국 남성에게 얘기하는 사진이 함께 실렸다.

아버지가 최후의 여행을 마치고 영국으로 돌아오셨을 때, 거기서 목격했던 모든 것으로 인해 기쁨이 충만했던 모습이 아직도 생생하게 기억난다. 그분은 이 땅에서의 생애를 마무리할 준비가 되셨고 어느 날 밤 평안히 잠든 가운데 세상을 떠났다. 누가복음의 시므온처럼 아버지의 최후의 날들은 길게 이어지다 만족스럽게 끝났다("주재여, 이제는 말씀하신 대로 종을 평안히 놓아 주시는도다"). 시므온의 이 유명한 기도는 마지막 중국 방문 이후 아버지의 기도가 되기에 안성맞춤이었다. 아버지는 중국에서 태어나 자라고 결혼했으며, 기독교 신앙을 그 대국에 전파하는 일을 자신의 특권으로 여겼던 분이었다.

1949년에 일어난 중국 혁명은 교회에는 큰 위기였고 중국에서 사역하던 이들에게는 극심한 신앙의 시험이었다. 그러나 중국 혁명 당시의 성급한 평가나 침울한 탄식은 장기적인 결과가 나타나면서 그 속에 삼켜졌다. 무언가의 끝처럼 보였던 것이 항상 그 이야기의 끝은 아니다.

이는 기독교 역사의 셀 수 없이 많은 순간에 적용된다. 성금요일 저녁의 낙심하고 슬퍼하던 제자들이 부활절 일요일의 기적을 내다볼 수 있었을까? 연달아 추방당했던 아타나시우스가 정통이 결국 승리할 것임을 확신할 수 있었을까? 성 아우구스티누스는 로마의 멸망과 교회의 몰락이라는 충격 속에서, 하나님의 도성에 대한 그의 비전이 인간 도성의 멸망에도 살아남아 수 세기 후 기독교 세계의 발흥에 기여할 것을 예견할 수 있었을까? 다시 거듭해서 끝은 끝이 아니었고, G. K. 체스터턴은 다음과 같은 유명한 말로 그 결과를 잘 요약했다. "적어도 다섯 차례에 걸쳐…기독교 신앙은 결딴난 것처럼(gone to the dogs) 보였다. 이 다섯 사례에서 매번 죽은 것은 개였다."[1]

끝과 끝

이 원리는 오늘날 중요하다. 이 세계화 시대에 세계 전역을 지배하는 정서는 두려움이다. 모든 것이 서로 연결되어 있고, 주관하는 사람은 없어 보이고, 사건들은 통제되지 않는 듯하고, 개인들은 연이어 터지는 엄청난 문제들에 압도된 상황을 감안하면 두려움은 전혀 불합리한 정서가 아니다. 하지만 하나님을 신뢰하며 언약적 시간 안에 사는 이들에게는 분명하고 강하며 기운을 북돋우는 해독제가 있다. 히브리 성경과 기독교 성경 안에는 처음부터 끝까지 하나님의 주권과 섭리를 말하는 영구적 진리가 있다. 악이 만연하고, 사고들이 일어나고, 실망스러운 일과 차질이 우리의 최선을 당혹스럽게 하고, 때로는 그 모든 것이 무의미하게 보일 수도 있다. 그럼에도 "그러나 하나님은"이라는 말씀이 계속

울려 퍼져 우리를 안심시키고, 수많은 이유들이 뒷받침하는 "두려워하지 말라"는 말씀이 지칠 줄 모르고 반복되며 확신을 준다.

오랫동안 우리 기니스 가문의 모토는 "내 소망은 하나님께 있다"(*Spes mea in Deo est*)였다. 그러나 하나님을 신뢰하는 모든 사람은 다음과 같은 장엄한 진리에 의지할 수 있다. **하나님은 모든 것보다 더 크시니 모든 상황에서 그분을 신뢰할 수 있다. 하나님을 믿으라. 두려워하지 말라.**

그런데 서구에 널리 퍼진 낙심에 대한 해결책은 무엇인가? 그 낙심이 서구 문명 자체의 유감스러운 상태에 대한 반응이든, 다른 무엇보다 서구 세계를 형성한 기독교 신앙의 우울한 상태에 대한 반응이든 상관없이 말이다. 낙심에 대한 근거는 두려워할 만한 근거만큼 확실해 보이고, 현실을 보면 비관주의자의 편에 서야 할 것 같다. 서구 및 서구 교회의 적들과 비판가들은 기뻐하며 그 둘의 사망 기사를 게시하는 중이고, 한때 신자였던 이들은 가라앉는 배처럼 보이는 것으로부터 멀리 헤엄치는 중이라고 한다. 오늘날의 현대 세계는 지난 2천 년 동안 그 어떤 박해자도 할 수 없었던 일을 칼이나 감방, 또는 총살형 집행대도 없이 해냈다. 교회는 이런 현대 세계의 발흥을 도와주었는데도 그 세계에 굴복하는 듯 보인다. 교회는 스스로 무덤을 파는 자가 되었다. 현대성이 이긴 것처럼 보인다. 교회가 그 적수를 만난 것 같다. 기독교의 시대는 죽어 없어졌다고들 말하고, 기독교 신앙은 어제의 신앙이라 조롱받는다.

물론 "두려워하지 말라"고 안심시키는 성경의 목소리는 여전히 울려 퍼지고 있다. 그런데 어쩐 일인지 낙심한 자들은 격려를 받지 못한다. 그 후렴은 남은 자들이 종말의 환난을 안전하게 통과하도록 보장하는 보험 약관에 불과한가? 아니면 믿음에는 그 이상의 무엇이 있는가? 그리스도인들에게 오늘의 도전들을 똑바로 보고 담대하게 맞설 수 있는 탄탄한 근거가 있는가? 실제로 믿음의 확신을 지지하는 진리들은 많고, 잠재적 낙심을 상쇄할 수 있는 주장도 많다.

로마제국의 몰락과 같은 역사적 재난의 시대는 장기적으로는 항상 교회에 유익하다. 우선, 그런 시대는 그 시대를 지배하는 하나님과 정부의 형태, 종교와 문명의 형태 등 오랫동안 의심 없이 받아들여졌던 우상의 모습을 깨뜨려 버린다. 또한 우리의 정치 제도(민주주의나 사회주의 같은)가 역사의 절정이자 최종 운명("역사의 종말")이라는 어리석은 주장도 무너뜨린다. 둘째로, 그런 시대는 권력과 번영의 시대가 부지중에 질식했을 수 있다는 생각을 갖게 한다. 하나님의 진리는 항상 그 진리에 대한 어느 세대의 이해보다 더 풍부하고 심오하다. 그래서 자기가 완전한 진리를 알고 있는 것처럼 근시안적 자부심을 품는 어느 세대든, 그들이 간과한 진리는 봄비가 내리면 사막에 꽃이 피듯이 소생할 준비를 갖춘 건조한 씨앗처럼 땅에 놓여 있다. 셋째로, 그런 시대는 종종 새롭고 심오한 통찰력을 주는 영감의 계기가 된다. 아우구스티누스가 하나님의 도성과 인간의 도성을 묘사한 것이 좋은 예다. 라인홀드 니버가 비꼬듯이 말한 것처럼, 아우구스티누스의 비전은 "로마의 안정을 기독교 신앙이 진리임을 보여 주는 증거로 여겼던 콘스탄티누스의 아첨꾼 성직자들의 견해"보다 훨씬 더 심오했다.[2]

물론 역사에 불가피한 것이란 없고 자유는 활짝 열려 있기 때문에, 신앙이 지구의 한편에서는 완전히 짓밟힐 수도 있다. 예수님이 이를 "인자가 올 때에 세상에서 믿음을 보겠느냐?"(눅 18:8)는 말로 경고하셨다. 그러나 흔히들 잊어버리는 하나의 진리가 있는데, 이는 특히 우리 시대의 위기에 적합한 해독제이자 언약적 시간관의 일부다. 곧, **끝은 끝이 아니다**.

더 자세히 언급하자면, 성경과 유대교-기독교적 역사관에 따르면 **끝**의 개념은 두 가지 방식으로 이해할 수 있다. 두 의미는 전혀 다르지만 결코 분리시키면 안 되고, 양자의 관계는 어두운 시대 속에서 신앙을 위해 매우 중요하다. 성경에서는 "끝"을 때때로 결말, 마침표, 종결, 최후라는 의미의 라틴어 *finis*로 보지만, 또한 목표, 목적, 최고점, 절정이라는 의미의 헬라어 *telos*로 보기도 한다. 결말로서의 "끝"과 절정으로서의 "끝" 둘 다 역사상 언제나 작동하고 있고, 여느 때와 마찬가지로 오늘날에도 그렇다. 우리는 둘 다를 기억하고, 양자가 어떻게 연결되는지 이해하고, 두 진리 모두를 잘 파악하면서 인생을 살아가야 한다.

첫 번째 의미에 따르면, 끝은 자연스러운 경로에 따르는 일이고, 따라서 유대인과 그리스도인에게 있는 그대로의 현실이다. 우리의 결말에는 끝이 없고, 타락한 세계에서 시간이 지속되는 한 여전히 그러할 것이다. 우선, 타락한 세계에서는 항상 자연스러운 결말이 있다. 매일 하루가 지나고 밤이 오며, 여름이 지나고 잎이 떨어진다. 마찬가지로 모든 새로운 것은 낡고, 모든 성공도 사라지며, 모든 젊은이가 늙고, 과거의 므두셀라들이 그러했고 장래 실리콘밸리의 므두셀라들이 그러하듯 모든 사람은 최후의 숨을 쉴 것이다. 이와 똑같이, 모든 이야기가 끝나고 모든 비즈니스도 끝나며 모든 시대가 끝나고 모든 문명도 끝난다. 세월은 유수와 같다(*Tempus fugit*). 죽음을 기억하라(*Memento mori*). "이 또한 지나가리라." "당신은 같은 강물에 두 번 발을 담글 수 없다"(헤라클레이토스). "시간은 늘 흐르는 시냇물처럼 그 모든 자식을 운반해 가네"(아이작 와츠). 이를 자연의 순환과 계절이라 부르든, 엔트로피와 열역학 제2법칙이라 부르든, 낫을 든 시간 할아버지라 부르든, 흐르는 시간의 열매와 타락한 세상에서의 죄의 현존이라 부르든 마음대로 하라. "결국에는" 모든 것이 끝난다.

첫 번째 의미의 결말은 자연스러운 현실주의의 사안일 뿐 아니라 도덕적 현실주의의 사안이기도 하다. 순환하는 자연에 따른 자연스럽고 불가피한 결말이 있을 뿐 아니라, 불필요한 시기상조의 결말도 있다. 사람들이 불필요하게 잘못된 행동을 해서 자초하는 도덕적 당위의 결말이다. 예컨대, 히브리 선지자 아모스는 주전 8세기의 동시대인들에게 하나님의 충격적인 판결을 전달했다. "내 백성 이스라엘의 끝이 이르렀은즉 내가 다시는 그를 용서하지 아니하리니"(암 8:2). 결정적으로, 당시 이스라엘은 내리막길을 걸을 만한 자연스러운 이유가 없었다. 순전히 역사적 차원에서 보면 북 이스라엘 왕국은 그 권력과 번영이 최고조에 달했다. 앗시리아의 재기는 몇 년 후에나 있을 것이었고, 신학적 관점에서 보면 그 백성은 하나님께서 아브라함에게 약속하시고 그 조상들에게 주셨던 땅을 향유하고 있을 뿐이었다. 달리 말해, 순전히 세속적 관점에서 보면 이스라엘은 끝장날 필요가 없었다.

하지만 과거에 주신 하나님의 약속이나 현재의 자연스럽고 세속적인 요인들이 이야기의 전부가 아니었다. 이스라엘의 운명을 결정짓고 그 결말을 재촉한 것은 약자와 가난한 자를 잔인하게 취급하는 등 뻔뻔스러운 불의의 형태로 하나님을 경시한 이스라엘의 태도였다. 이 문제에 대해서는 형 집행이 유예될 길이 없었다. 윤리적으로 말하면, 모든 악에는 정해진 결말이 있고 하나님의 백성 안에서 저질러진 악행은 무엇보다 더욱 그러하다. 이스라엘이 받은 심판은 포로로 잡혀 가는 것이었고, 이스라엘의 결말은 열 지파가 실종되어 역사에서 사라지는 것이었다. 당시의 이스라엘이 곧 경험하게 될 역사의 끝은 명백히 자초한 것이었다. 슬프게도 이는 현재 미국에 대해서도 동일한 진실이다. 만일 회개와 방향 전환이 없다면, 미국인들은 고의적 행위를 통해 하나님의 심판과 세계의 비난을 자초하게 될 것이다.

우리가 아는 세상에서는 이 두 형태의 끝 중에 어느 하나도 피할 길이 없다. 만일 이것이 이야기의 전부라면, 결국 피로감이나 냉소주의나 절망으로 이끌게 될 것이다. 그러나 성경에서는 이것이 이야기의 전부가 아니다. 라인홀드 니버가 선언하듯이, "그런 절망에 반해, 기독교 신앙은 종말로서의 끝(*finis*)은 목적으로서의 끝(*telos*)과 동일하지 않다고 주장한다."[3] 종말로서의 끝에 도달할 때마다 그 끝 안에서 그리고 그 끝을 통해 더 높은 목적이 이루어지고 있다. 하나님 아래서는 그러므로 모든 종말이 하나같이 연속성을 지니고, 오래된 것은 무엇이든 새로운 것의 전조를 담고 있으며, 모든 실패는 하나같이 더 낫고 더 높고 더 영광스러운 성공의 씨앗을 간직한다. 요컨대, 섭리 아래서는 언약적 시간이 오직 하나님만 아시고 오직 하나님만 가져오실 수 있는 더 높은 목적을 향한 저항할 수 없는 전진으로 이끌어 준다. 인간의 도성은 항상 줄줄이 무너지겠지만 하나님의 도성은 영원하다.

십자가의 끝이 놀라운 부활의 목적으로 이끌었듯이, 마지막 때의 묵시는 언젠가 메시아 시대의 회복으로 이끌 것이다. 이 때문에 "지옥의 문"(어둠의 세력이 계획하고 결정하는 본부)이 결코 교회를 이기지 못할 것이다. 그래서 우리의 덜 중요한 시대에서는 교회의 "몰락", 기독교 세계의 "끝", 서구 세계의 "위축", 또는 그 무엇이든 종말처럼 보이는 것이 사실은 역사상 하나님의 목표와 그분의 중대한 목적들을 향해 움직인다고 확신할 수 있다. 그러므로 우리의 과업은 현실적으로 끝이 종말임을 바라보고, 소망을 품고 목적으로서의 끝을 위해 일하며 기다리는 것이다. 그처럼 하나님을 신뢰하고 그분의 목적을 위해 하나님과 협력할 때 우리는 우리의 종말 속에서도 그분의 더 높은 목적을 섬길 수 있다. 심지어 그 높은 목적이 우리의 눈에 보이지 않고 우리의 능력을 벗어날 때에도 그럴 수 있다. 신실하게 행한 일과 믿음으로 영위한 삶은 결코 헛되지 않다.

물론 오늘날에는 종말로서의 끝이 왔다는 징표가 많다. 오늘날 세계를 주도하는 미국은 남북 전쟁 이후 가장 중대한 위기를 겪고 있고, 서구 세계는 위축되고, 새로운 세계 질서의 추구는 지지부진하고, 서구 교회는 외부로부터의 공격과 내부로부터의 위기와 배신으로 비틀거리고, 전 세계의 교회가 유례없는 박해로 고통당하고, 세계화 시대에 인류를 위한 의제는 오늘의 전례 없는 위기들과 내일 닥칠 더욱 전례 없는 위기들로 과부하가 걸려 있다. 우리 또한 개인적 위기와 가족의 위기를 안고 있다.

그런데 이 모든 추세는 절정으로서의 끝이 아니라 종결로서의 끝을 보여 줄 뿐이다. 절반의 진실에만 초점을 맞추면 낙심하고 포기하기가 너무 쉽다. 그러나 다른 절반을 기억하면, 현재는 믿음의 사람들에게 믿음이 만드는 차이를 보여 주는 순간이 된다. 예수님을 따르는 이들에게 끝은 끝이 아니다. 믿음은 낙심하는 방향으로 자라면 안 된다. 믿음은 항상 그 소망을 통해 격려를 받아야 한다. 그래서 어둠과 낙담과 낙심의 시기에, 심지어는 폭력과 전쟁, 죽음과 혼란의 시기에도 선지자의 메시지가 새롭게 울려 퍼지는 것이다. "의인은 그의 믿음으로 말미암아 살리라"(히 2:4). 유대교와 기독교 신앙보다 더 현실적인 종교는 없지만 유대인과 그리스도인은 가장 어두운 시기에도 어둡지 않은 소망을 품고 살아간다.

장기적 사고방식

언약적 시간 안에 살며 행동하는 이들에게는 이 원리로부터 두 가지 실제적 함의가 흘러나온다. 첫째, 이는 유대인과 그리스도인에게 장기적 사고방식, 점진적 행동, 비인본주의적인 신념을 의미한다. 믿음과 소망은 그런즉 인내와 끈기를 요구한다. 이 세상에서 하나님과 협력하여 그분의 목적을 이루려면 용기가 필요하지만, 개인적 변화이든 사회적·정치적 변화이든 먼저 마음의 변화가 필요하므로 시간이 걸린다. 그래서 언약적 시간은 우리가 두 가지 동일하지만 상반된 오류, 곧 "모든 것을 동시에"와 "결코 절대로 안 돼"를 모두 피하도록 도와준다.

"모든 것을 동시에" 하려는 성급한 사람들은 모든 일이 단번에 이루어지길 원해서, 스스로 주도권을 잡고 그들의 시간에 그들의 목표를 달성하기 위해 거칠고 부도덕한 힘이라도 이용해서 무슨 짓이든 하려고 한다. 유토피아를 지향했던 1789년, 1917년, 1949년의 세속 혁명들과 공포 정치는 이러한 극단적 예들이며, 종교적인 예도 있었다. 각종 천년왕국설 신봉자들은 그들이 품은 역사의 종말이라는 꿈을 통해 이른 시기에 영광스러운 역사의 종결을 초래하고 있다고 성급하게 상상했다. "결코 절대로 안 돼"라고 말하는 사람들은 한때 전자에 못지않은 열정과 성급함을 품었다가 결국 소망을 포기한 사람들이다. 그들은 지금 여기서 가시적 정의를 성취할 수 있다고 주장했으나, 바라던 일이 불가능함을 깨닫고 절망에 빠지고 말았다.

역사는 출애굽 이야기에서 시작하여, 점진적 변화를 위해 인내심을 품는 것이 중요함을 보여 주는 예시와 경고로 가득 차 있다. 해방과 자유는 별개였다. 하나님이 이스라엘을 이집트에서 나오게 하시는 데는 하루밖에 걸리지 않았으나 이집트를 이스라엘에서 빼내시는 데는 40년이 넘게 걸렸다. 자유가 자유의 최대의 적이 될 수 있는 것은, 자유 속에도 압제가 있고 압제 속에도 어떤 자유가 있기 때문이다. 우리는 자유에 수반되는 고된 노력과 책임과 훈계를 수용하는 대신 자유를 노예 상태로(자유는 생각보다 훨씬 더 어렵다), 노예 상태를 자유로(노예 상태는 생각만큼 나쁘지는 않다) 왜곡시키는 향수에 젖은 환상 속으로 도피할 수 있다. 그렇지 않다면 어떻게 출애굽 이후에 황당하게도 모세에게 반역했던 지도자들이 속박의 땅이었던 이집트를 예전에 약속의 땅에 대한 표현이었던 "젖과 꿀이 흐르는 땅"으로 묘사하는 그 같은 일이 일어날 수 있었겠는가?(민 16:13)

변화는 시간이 걸린다. 성장도 시간이 걸린다. 자유도 시간이 걸린다. 성품을 형성하는 마음의 습관도 시간이 걸린다. 개혁도 시간이 걸린다. 정의를 세우는 일도 시간이 걸린다. 한 세대에서 다음 세대로의 이양도 시간이 걸린다. 그리고 무엇보다도, 모든 이를 위해 자유와 정의가 성취될 것을 바라는 그 최후의 소망도 시간이 걸린다. 조금씩, 한 걸음씩, 날마다, 순간마다가 결국 굉장한 거리와 엄청난 변화를 낳을 수 있다. 그리고 조급한 평가와 때 이른 결론은 잘못인 경우가 많다. 우리는 인스턴트 사회에 살지만, 1만 시간의 법칙은 우리가 삶에서 가장 귀중하게 여기는 많은 일에 적용된다. 어쩌면 그 시간을 2만 시간이나 3만 시간으로 바꿔야 할지도 모르겠다. 축구, 피아노 연주, 발레 등 인생 최대의 성취 중 다수는 그 기술이 제2의 천성이 되고 그 미덕이 마음의 습관이 되기 위해 헌신과 인내와 끈기를 요구한다. 그렇다면 우리는 매일의 점진적 성장과 진보를 수반하는 장기적 사고방식을 품어야 하고, 그 모든 것은 당면한 어떤 순간 또는 과도기의 인상이나 모순에 의해 좌절되지 말아야 한다.

그분이 오실 때까지

두 번째 함의는 우리가 하나님의 협력자인 것은 사실이지만 최종 결과는 항상 하나님께 달려 있다는 것이다. 유대교와 기독교는 책임성을 자율성과 의존성이라는 두 극단 사이의 경로를 만드는 데 필요한 열쇠로 간주하지만, 책임성은 자기 의존이 아니다. 두 신앙은 당당한 비인본주의적 신앙이며, 낙관적 인본주의와는 뚜렷한 대조를 이룬다. 우리는 하나님에 대한 믿음과 그 위대한 인생관이 모두 우리에게 달려 있지 않음을 안다. 하나님을 아는 것은 우리에게 달려 있지 않고, 우리는 하나님이 스스로를 우리에게 계시하시는 것에 감사할 따름이다. 구원도 우리에게 달려 있지 않고, 우리는 하나님이 우리를 구출하고 구속하시는 것에 감사할 따름이다. 이와 유사하게 역사의 종말도 우리에게 달려 있지 않고, 우리는 장차 하나님의 메시아가 오실 그 위대한 날, 그 메시아가 줄곧 염두에 두셨던 역사의 절정에 도달할 그날을 바라보며 하나님께 감사할 따름이다. 약속된 땅과 더불어 약속된 시기도 있다. (한 유대인 친구가 말하듯이, 그 위대한 날에 다 함께 메시아를 환영하는 유대인과 그리스도인을 나눌 유일한 질문은 그분께 그것이 초림인지 재림인지를 물어보는 것일 터이다.)

묵시(apocalyptic)라는 용어는 재앙의 동의어가 되었지만 실은 "베일을 벗기다"라는 뜻이다. 물론 마지막 때에 재앙의 요소가 분명 있을 것이다. 왜냐하면 꾸준한 진보라는 계몽주의 신조와는 달리, 성경은 악마적인 악의 세력들이 존속해서 역사의 종말이 가까울수록 점차 끔찍하게 강해져서 "최후의 악"이 될 것임을 현실적으로 경고하기 때문이다. 그러나 바로 그 재앙의 절정은 승리와 극적인 베일 벗기기로 끝날 것이다. 그 순간이 되면 하나님이 역사의 의미를 밝히시고, 태초부터 목표로 삼으셨던 그 우주적 목적의 베일을 벗기셔서 온 세계가 깜짝 놀라게 될 것이다.

다시금 성경적 시간관이 밝게 빛을 발한다. 언제나 그렇듯, 시간이 의미를 열어 주는 열쇠이고, 시간의 세 가지 얼굴은 모두 중요하다. 과거는 항상 어떤 식으로든 미래에 이르는 열쇠인데, 우리의 선택들로 이루어진 우리의 모습이 우리가 선택하는 미래를 결정하고 또 우리가 선택한 것이든 아니든 당면한 미래에 대한 우리의 반응에 영향을 줄 것이기 때문이다. 그러나 미래는 항상 그보다 훨씬 더 중대한 방식으로 과거를 이해하는 열쇠가 될 것이다. 과거는 우리가 내린 선택과 그로 인한 결과들 때문에 중요하지만, 역사의 종말이 되면 메시아가 오셔서 역사의 의미를 밝히 드러내실 것이므로 미래는 그보다 더 중요할 것이다.

"시간이 흐르면 알게 될 것이다"라고 제인 오스틴이 『설득』에 썼다. 그리고 쇠렌 키르케고르(Søren Kierkegaard)는 "인생은 거꾸로 돌아봐야 이해할 수 있지만, 앞을 내다보며 살아야 한다"[4]고 옳게 말했다. 우리가 올바른 시간관을 갖고 있을 때에만 하찮은 것과 중요한 것, 지나가는 것과 영구적인 것, 임의적인 것과 의미심장한 것을 구별할 수 있다. 우리가 뒤돌아볼 때에만 점들을 연결해서 우리 인생이라는 대본의 줄거리를 이해할 수 있다. 그런데 만일 이것이 우리 각자의 삶에서 진실이고 우리가 속한 세대에서 진실이라면, 인류 역사 전체에는 얼마나 더 그러하겠는가?

우리는 아직도 역사의 테두리 안에 있으므로, 언제 어디의 어느 누구라도—가장 뛰어나고 부지런한 역사가일지라도—과거에 충분한 빛을 비추어서 만족스러울 정도로 역사를 설명할 수 없을 것이다. 우리의 이해는 언제나 불완전할 뿐이다. 우리는 전능하지 못하고, 과거나 현재나 미래에 대해 전지하지 못하다. 우리는 여전히 "거울로 희미하게" 볼 뿐이다. 기억된 과거로서의 역사는 사실 과거 전체의 자그마한 일부에 불과하여 너무나 많은 의문을 불러일으킨다. 역사는 온통 수수께끼, 모순, 그릇된 결론, 딜레마, 느슨한 끝, 극심한 악행들로 가득하다. 가장 위대한 역사가나 철학자라도 도무지 해결할 수 없다. 그러나 메시아가 비인본주의적 미래의 베일을 벗기실 위대한 장면에 비춰 보면, 마치 모든 장부가 결산되고 모든 눈물이 닦이듯이, 모든 의문이 풀리고 모든 난제가 설명될 것이다. 슬프고 부끄럽고 고통스럽고 헷갈리는 과거의 모든 부분, 온갖 악과 수수께끼로 채색된 과거는 메시아의 재림 때 밝히 드러날 미래의 빛에 조명되어 말끔히 풀릴 것이다. 시간이 흐르면 알게 될 것이고, 시간 역시 최후의 묵시, 곧 베일이 벗겨지는 날 온전히 설명될 것이다.

1745년 스코틀랜드의 보니 프린스 찰리(Bonnie Prince Charlie)가 일으킨 반역이 실패한 후, 그의 지지자들은 충성심에도 불구하고 공공연하게 그를 위해 건배할 수 없었다. 그 대신, 그들은 마치 잉글랜드의 왕 조지 2세를 위하는 것처럼 "왕을 위하여!"라며 잔을 들고 나서, 그 잔을 물이 담긴 잔 위로 넘겼다. 그들은 말없이 "물 건너" 프랑스에 있는 그들의 왕을 위해 건배하고 있었던 것이다. 하지만 더 깊은 충성심과 더 큰 확신을 품은 그리스도인들은 성찬식이라는 그 위대한 감사절을 기념하며 우리의 왕이신 예수께서 십자가에서 이룬 승리를 감사하는 마음으로 뒤돌아보고, 소망을 품고 앞날을 내다본다. "그분이 오실 때까지."

"내년은 예루살렘에서"라고 유대인은 말한다. "그분이 오실 때까지"라고 그리스도인들은 선포한다. 그 위대한 날이 도래할 때까지 우리는 믿음으로, 소망을 품은 채 살아간다. 신뢰하고 순종하고 일하고 감사하는 마음으로 뒤돌아보며, 소망을 품고 앞을 내다보며 살아간다. 우리가 하나님의 협력자이자 공저자로서 크고 작은 방식으로 하루하루를 붙잡고 시간을 구속하는 일은 우리 자신에게 달려 있다. 반면에 장대하고 최종적이고 궁극적인 카르페 디엠은 우리가 아닌 하나님의 손에 달려 있다. 언젠가 모든 날들에 끝을 고할 그날, 하나님은 그분만이 하실 수 있는 방식으로 그날을 붙잡으실 것이다. 그분은 궁극적인 방식으로 시간과 역사를 붙잡으시고, 인류와 지구와 우주를 위한 자신의 뜻을 밝히실 것이다. 모든 종말과 우리 인생의 마지막 종말과 죽음이 시간과 역사의 절정인 하나님의 **위대한 종말**에 의해 삼켜지리라는 사실은 별로 놀랄 일이 아니다.

유대인이 들려주길 좋아하는 이야기가 있다. 나폴레옹이 어느 금식일에 유대교 회당을 지나가다 크게 애통하는 소리를 듣고 한 장교에게 물었다. "유대인이 무엇을 위해 울부짖는가?"

"예루살렘을 위해서입니다" 하고 그 군인이 대답했다.

"그들이 그 도시를 잃은 지 얼마나 되었는가?"

"1,700년도 넘었습니다."

"예루살렘을 위해 그토록 오랫동안 슬퍼할 수 있는 백성은 언젠가 그 도시를 되찾게 될 것이다"라고 그 프랑스 황제가 말했다.[5]

유대 민족은 끔찍한 박해를 당하고 전 세계에 흩어져서 2천 년 동안 망명생활을 했음에도 불구하고 결코 소망을 잃지 않았고, 예수님을 따르는 이들도 그럴 것이다. 기억하는 것은 향수에 젖은 것과는 완전히 다르고, 소망은 "바랄 수 없는 중에 바라는 것"과 같지 않다. 하나님의 도성을 갈망하고 바라보는 믿음의 소망은 최후의 승리를 확신하게 된다. 모순과 미해결된 문제의 고통을 느낄 때 믿음은 종종 격렬하게 질문을 던진다. "아 주님, 언제까지입니까?" 그러나 늘 긴급하게 드릴 기도는 이것이다. "주 예수여, 어서 오십시오."

역사의 종말에 이르면 과거를 구출하고 구속하는 끝, 이전의 모든 종말을 역전시키는 끝, 현재는 아직 상상할 수 없는 미래를 선도하는 끝이 있을 것이다. 물론 그때까지 드리는 우리의 기도는 때에 따라 더 긴급하고 절실해지겠지만, 과거와 현재에 대한 우리의 시간 관념은 항상 미래에 대한 고대에서 절정에 도달할 것이다. 과거에 대한 끝없는 변명이나, 미래와 우리 삶의 유산에 대한 한가한 억측 따위에 낭비할 시간이 없다. 우리는 오늘을 붙잡으면서 주님의 초림을 뒤돌아보고, 이어서 그분의 재림 곧 "시간의 물을 건너" 오시는 우리 왕의 귀환을 바라보며 잔을 높이 든다. "주 예수여, 오십시오. 오십시오."

결론

생명을 선택하라

니체는 첫 번째 책 『비극의 탄생』(*The Birth of Tragedy*)에서, 미다스왕이 숲속에서 디오니소스의 양부인 현자 실레노스를 오랫동안 추적한 옛이야기를 들려준다. 왕은 마침내 그를 잡은 후, 무엇이 "인간에게 가장 좋고 가장 중요한가?"라고 물었다. 그 반신반인은 처음에는 입을 다물고 있다가 왕의 강요에 마침내 껄껄 웃으며 말문을 열었다. "아, 가련한 하루살이 종족이여! 우연과 불행의 아들이여! 듣지 않는 것이 너희에게 좋을 텐데, 어째서 나로 하여금 말하기를 강요하는가? 너희에게 가장 좋은 것은 너희가 영원히 붙잡을 수 없는 것이다. 바로 태어나지 않는 것, 존재하지 않는 것, 무(無)가 되는 것이다. 그러나 너희에게 두 번째로 좋은 것은 빨리 죽는 것이다."[1] 니체는 소포클레스의 마지막 희곡 『콜로노스의 오이디푸스』(*Oedipus at Colonus*)에 나오는 합창을 반복하고 있었다. "모든 것을 고려하면 태어나지 않는 것이 최선인데, 일단 사람이 빛을 본 후에는 그다음으로 좋은 것이 가급적 빨리 자기의 출처로 돌아가는 것이다."[2] 친숙한 그리스 격언은 똑같은 취지를 직설적으로 표현했다. "죽기 전까지는 어떤 사람도 행복하다고 말하지 말라."

발달한 현대 세계의 지도자들과 시민들과 국가들이 니체의 이야기를 곰곰이 생각해 봐야 하는 이유는 죽음의 문화가 우리 시대에 천천히 무자비하게 퍼지고 있기 때문이다. 비디오 게임 속의 죽음, 랩뮤직 속의 죽음, 액션 영화 속의 죽음, 무기 거래, 살인, 대학살, 킬링필드, 테러리즘, 낙태, 자살, 안락사, 드론 공격, 장거리 미사일 보복, 로봇 AI 전사, 가속화되는 우주에서의 군비 확장 경쟁 등 잔인한 무기와 죽음의 그림자가 지구에 만연하다. 현대 세계는 죽음의 천사에게 손짓해서 그 두개골과 뼈를 생활방식의 중심에 확고하게 놓아두기로 선택한 것이 분명하다.

그처럼 거대한 어둠이 우리를 노려보고 있는 만큼, 오늘날 카르페 디엠의 이상을 위해 분투하는 이들의 이타심과 빛나는 자선이 눈에 띌 가능성은 별로 없다. 다가오는 세상에서는 오늘을 붙잡으려는 충동이 이기심이나 반항이나 절망의 행위로 왜곡될 가능성이 매우 많다. "신들이 사랑하는 이들은 젊은 시절에 죽는다"는 그리스인들의 말에 순응하는 편이 나을 수도 있다. 이타심, 자선, 장기적 사고방식은 시시한 소리에 불과하다. **카르페 디엠**은 부자와 권력자와 탐욕스러운 자의 표어가 될 확률이 높고, 결국 "잡을 수 있는 동안 기회를 붙잡아라"가 될 것이다. 이런 유령과는 대조적으로, 성경을 관통하는 하나님의 부르심과 유대교와 기독교의 약속은 매우 분명하다. "너와 네 자손이 살기 위하여 생명을 택하[라]"(신 30:19). 예수님은 이렇게 말씀하셨다. "내가 온 것은 양으로 생명을 얻게 하고 더 풍성히 얻게 하려는 것이라"(요 10:10).

가장 위대한 시간관을 가진 사람들이 자기 시간을 가장 잘 사용하고 즐길 수 있다. 인생은 짧지만, 우리는 우리의 잠재력을 최대한 개발하고, 인생을 최대한 선용하고, 하루하루를 붙잡도록 부름받았다. 우리가 시간과 역사를 바라보는 성경의 관점을 따른다면, 인생은 의미를 제공하고 그 의미심장함이 인생의 짧음을 훨씬 능가하는 전망을 열어 준다. 시간은 순환적인 것 이상이고, 그 직선적 진행이 구성하는 이야기 속에서 우리는 중요하고 책임 있는 역할을 수행하게 된다. 역사는 단일하고 우리는 중요하므로, 우리의 존재와 모든 행위는 중요한 결과를 낳는다. 우리는 시간의 얼굴에 흔적을 남기고, 우리의 노력은 헛되지 않다. 세상이 잘못되고 악과 불의가 도처에 있지만, 하나님은 우리를 현재 진행 중인 온 지구의 화해와 수선과 회복 작업에 동참하는 그분의 협력자가 되도록, 그리고 우리 인생의 공저자가 되도록 초대하신다. 그래서 우리가 인간사에서 자유와 정의를 위해 분투할 때는 우리 자신뿐 아니라 이웃도 돌보는 셈이다. 우리가 행하는 일이 장차 임할 것의 징표가 될 것처럼, 장차 임할 것에 대한 소망은 현재 우리가 행하는 일에 힘을 실어 준다.

우리의 작은 인생들은 미완성일 수 있고, 우리의 장대한 비전도 이뤄지지 않을 수 있으며, 우리의 최선의 행위도 하찮아 보일 수 있다. 그러나 "한낮에 꿈꾸는" 믿음의 사람들에게 그 행위는 항상 역사의 지평 너머 그 위대한 날, 곧 온갖 형태로 되풀이되는 인간의 도성의 광범위한 폐허가 하나님의 도성의 찬란함에 빛을 잃게 될 그날을 바라보는 것이다.

그때까지는 **오늘을 붙잡자**. 이날뿐 아니라 하루하루를, 확신과 소망을 품고 온전히 붙잡자. 그러나 자화자찬하며 과시하는 초소형 신들처럼 굴지는 말자. 하나님 앞에서 걸으면서, 시대의 징표를 읽으려고 애쓰면서, 항상 우리 세대에 하나님의 목적을 달성하려고 노력하면서, 다가오는 위대한 주님의 날에 소망을 두는 모든 이들과 다 함께 일하면서 겸손히 오늘을 붙잡자.

그날이 도래할 때에만 비로소 시간의 신비와 역사의 오랜 수수께끼가 그 참된 의미를 드러낼 것이고, 역사가 이제까지 지향해 온 그 목적을 보일 것이다. 그때에야 비로소 우리의 최후의 적인 죽음을 포함한 모든 "종말"이 하나님의 위대한 끝에 의해 삼켜질 순간이 도래할 것이다. 그때에야 비로소 우리 각자를 향한 하나님의 완전한 목적, 우리가 몸담은 이 작은 행성을 향한 그분의 목적, 경이로운 우주 자체를 향한 그분의 목적을 우리가 알게 될 것이다. 그리고 그때에야 비로소 의미를 알고자 하는 우리의 의지와 자유를 향한 의지가 만물의 중심에 계신 단 한 분을 예배하고 사랑하고자 하는 더 큰 의지 속에 휩쓸릴 것이다.

그날이 오기까지 우리는 시간을 가로지르는 순례자로 날마다 두려움 없이 신실하게 걸어가되, 이 길이 우리의 아버지께 이르는 본향을 향한 긴 여정임을 항상 기억하며 걸어간다.

예부터 도움 되시고[*]

예부터 도움 되시고
내 소망 되신 주
이 세상 풍파 중에도
늘 보호하시리.

주 보좌 그늘 아래서
안전히 거하고
주님의 팔이 충분히
날 안전케 하네.

이 천지 만물 있기 전
주 먼저 계셨고

온 세상 만물 변해도
주 변함 없도다.

주 앞에 천년만년이
한날과 같으니
이 세상 모든 일들이
다 잠시뿐이라.

세월이 흘러가듯이
인생은 떠나니
이 인생 백년 살아도
꿈결과 같도다.

예부터 도움 되시고
내 소망 되신 주
일평생 지나갈 동안
늘 보호하소서.

— 아이작 와츠, 1719

---

* 새찬송가 71장. 원문의 2연은 한국어 찬송가로 번역되지 않아 임의로 번역했다—편집자.

주

서론. 한 번뿐인 인생, 어떻게 살 것인가?

1. William Shakespeare, *King Lear*, act 5, scene 3. 『리어왕』.
2. Leo Tolstoy, *A Confession and Other Religious Writings* (London: Penguin, 1987), 35.
3. Leo Tolstoy, *The Death of Ivan Ilyich* (Jerusalem: Minerva, 2018), 91. 『이반 일리치의 죽음』.
4. Abraham Joshua Heschel, *The Sabbath: Its Meaning for Modern Man* (New York: Farrar, Strauss and Giroux, 2005), 98. 『안식』(복있는사람).
5. Claire Tomalin, *Thomas Hardy: The Time-Torn Man* (London: Penguin, 2006).
6. Roman Krznaric, *Carpe Diem Regained* (London: Unbound, 2018). 『인생은 짧다 카르페 디엠』(더퀘스트).
7. John Keating, *Dead Poets Society*. Krznaric, *Carpe Diem Regained*, 13에 인용됨.
8. Krznaric, *Carpe Diem Regained*, 10.

1. 유일한, 의미심장한, 특별한

1. Augustine, *Confessions*, bk. 1, chap. 14. 『고백록』.
2. Jim Holt, *When Einstein Walked with Gödel* (New York: Farrar, Strauss and Giroux, 2018), 19.
3. Mircea Eliade, *Cosmos and History* (New York: Harper & Row, 1969), 139. 『우주와 역사』(현대사상사).

4   Aristotle, *De generatione et corruption*, 33.6b.
5   William Shakespeare, *As You Like It*, act 2, scene 7. 『뜻대로 하세요』.
6   Arthur Schopenhauer, *Parerga and Paralipomena: Short Philosophical Essays*, trans. E. F. J. Payne (Oxford: Clarendon Press, 2001), 2:393. 『쇼펜하우어의 행복론과 인생론』.
7   William Shakespeare, *Macbeth*, act 5, scene 5. 『맥베스』.
8   Paul Johnson, *A History of the Jews* (New York: Harper and Row, 1987), 2. 『유대인의 역사』(포이에마).
9   Blaise Pascal, *Pensées*, trans. A. J. Krailsheimer (London: Penguin, 1995), 285. 『팡세』.
10 Abraham Joshua Heschel, *The Prophets* (New York: Harper Perennial, 2001), xviii. 『예언자들』(삼인).
11 Reinhold Niebuhr, *Faith and History: A Comparison of Christian and Modern Views of History* (New York: Charles Scribner, 1949), 19.
12 Pascal, *Pensées*, 434.
13 David Brooks, "The Cruelty of Call-Out Culture", *New York Times*, January 14, 2019.
14 Yuval Noah Harari, *Homo Deus: A Brief History of Tomorrow* (London: Harper Collins, 2017), 43. 『호모 데우스』(김영사).
15 C. S. Lewis, *The Abolition of Man* (Las Vegas: Lits, 2010), 36. 『인간 폐지』(홍성사).
16 Nick Bostrom, *Superintelligence: Paths, Dangers, Strategies* (Oxford: Oxford University Press, 2014), 5. 『슈퍼인텔리전스』(까치).
17 William Shakespeare, *Hamlet*, act 5, scene 2. 『햄릿』.
18 Rabbi Tarfon. Jonathan Sacks, *Covenant & Conversation—Numbers: The Wilderness Years* (New Milford, CT: Maggid Books, 2017), 241에 인용됨.
19 Abraham Joshua Heschel, *The Sabbath: Its Meaning for Modern Man* (New York: Farrar, Strauss and Giroux, 2005), 7.
20 Jonathan Sacks, *Haggada: Collected Essays on Pesach* (New Milford, CT: Maggid Books, 2013), 32-33.
21 Jonathan Sacks, *Ceremony & Celebration: Introduction to the Holidays*

(New Milford CT: Maggid Books, 2017), 217.
22　William Shakespeare, *Julius Caesar*, act 4, scene 3. 『율리우스 카이사르』.
23　Bertrand Russell. John Gray, *Seven Types of Atheism* (London: Allen Lane, 2018), 42에 인용됨.
24　Bertrand Russell. Niebuhr, *Faith and History*, 87에 인용됨.
25　Lewis Mumford, *Technics and Civilization* (Chicago: University of Chicago Press, 2010), 435. 『기술과 문명』(책세상).
26　Joseph Proudhon. Niebuhr, *Faith and History*, 80에 인용됨.
27　Immanuel Kant and Arthur Schopenhauer. Sacks, *Haggada*, 47에 인용됨.
28　Niebuhr, *Faith and History*, 14.
29　Max Tegmark, *Life 3.0: Being Human in the Age of Artificial Intelligence* (New York: Vintage Books, 2019), 22. 『맥스 테그마크의 라이프 3.0』(동아시아).
30　Gray, *Seven Types of Atheism*, 1.
31　Gray, *Seven Types of Atheism*, 58.
32　Milan Kundera, *The Unbearable Lightness of Being* (New York: HarperPerennial, 2009), 8. 『참을 수 없는 존재의 가벼움』(민음사).
33　Joseph Heller, *Good as Gold* (New York: Simon & Schuster, 1999), 72.
34　John Berger, *Keeping a Rendezvous* (New York: Vintage International, 1992), 29-31. 『랑데부』(동문선).

2. 빠른 자만 살아남는다

1　Seneca. Alan Burdick, *Why Time Flies: A Mostly Scientific Investigation* (New York: Simon & Schuster, 2017), 2에 인용됨. 『시간은 왜 흘러가는가』(엑스오북스).
2　Burdick, *Why Time Flies*, 5.

3. 시간의 은밀한 독재

1　John Stuart Mill. John Gray, *Seven Types of Atheism* (London: Allen

Lane, 2018), 91에 인용됨.
2   Gray, *Seven Types of Atheism*, 82.
3   G. K. Chesterton, *Heretics* (Mineola, NY: Dover, 2006), 14.
4   T. S. Eliot, *The Rock* (London: Faber & Faber, 1934), 51.
5   Gray, *Seven Types of Atheism*, 24.
6   Gray, *Seven Types of Atheism*, 28.
7   Henry David Thoreau. Martin Luther King Jr., 1965년 2월 26일 할리우드의 이스라엘 회당에서의 설교, www.americanrhetoric.com/speeches/mlktempleisraelhollywood.htm에 인용됨.
8   Gray, *Seven Types of Atheism*, 28.
9   Gray, *Seven Types of Atheism*, 95.
10 Dean Acheson. Erik von Kuenelt-Leddihn, *The Intelligent American's Guide to Europe* (New Rochelle, NY: Arlington House, 1979), 407에 인용됨.
11 Edward Gibbon, *The History of the Decline and Fall of the Roman Empire*, vol. 5 (London: Harper and Bros., 1837), 614. 『로마제국 쇠망사 5』(민음사).

4. 오늘을 붙잡는 방법

1   Friedrich Nietzsche, 미출간 원고 "On Truth and Lie in a Morally-Disengaged Sense." Robert Wicks, *Nietzsche* (Oxford: One World Books, 2002)에 수록됨.
2   Klemens von Metternich, *Aus Metternichs nachgelassenen Papieren*, ed. Prince Richard Metternich-Wineburg (Vienna: Wilhelm Braumüller, 1881), 3.348 (no. 442).
3   William Shakespeare, *Cymbeline*, act 4, scene 3. 『심벨린』.
4   William Shakespeare, *Julius Caesar*, act 4, scene 3.
5   Johann Wolfgang von Goethe. John Lukacs, *Remembered Past: John Lukacs on History, Historians and Historical Knowledge*, ed. Mark G. Malvasi and Jeffrey O. Nelson (Wilmington, DE: ISI Books, 2004), 5, 9에 인용됨.

6 Jonathan Sacks, *Ceremony & Celebration* (New Milford, CT: Maggid Books, 2017), 215.

5. 선지자적 반시대성

1 William Faulkner, *Requiem for a Nun* (New York: Vintage International, 1994), 73.
2 H. Richard Niebuhr, *The Responsible Self: An Essay in Christian Moral Philosophy* (Louisville, KY: Westminster John Knox Press, 1999), 93.
3 Niebuhr, *Responsible Self*, 93.
4 Jonathan Sacks, *Covenant & Conversation—Exodus: The Book of Redemption* (New Milford, CT: Maggid Books, 2010), 93; George Santayana, *The Life of Reason*, vol. 1, *Reason in Common Sense* (New York: Scribner's, 1905), 284.
5 Sacks, *Covenant & Conversation—Exodus*, 93.
6 Sacks, *Covenant & Conversation—Exodus*, 93.
7 Booker T. Washington, *Up From Slavery* (Tampa, FL: Millennium Publications, 2015), 70.
8 Washington, *Up From Slavery*, 70.
9 Hannah Arendt, *The Human Condition* (Chicago: University of Chicago Press, 1958), 233. 『인간의 조건』(한길사).
10 Arendt, *Human Condition*, 244.
11 Jonathan Sacks, *Haggada: Collected Essays on Pesach* (New Milford, CT: Maggid Books, 2013), 3.
12 이 장의 내용 가운데 많은 부분이 다음 책의 내용과 긴밀한 연관이 있다. Os Guinness, *Impossible People: Christian Courage and the Struggle for the Soul of Civilization* (Downers Grove, IL: InterVarsity Press, 2016), 170-176, 179. 『오스 기니스의 저항』(토기장이).
13 Fyodor Dostoevsky. Henri du Lubac, *The Drama of Atheist Humanism* (San Francisco: Ignatius Press, 1995), 331에 인용됨.
14 Richard Fisher, "The Perils of Short-termism: Civilization's Greatest

Threat", *BBC*, January 10, 2019, www.bbc.com/future/story/20190109-the-perils-of-short-termism-civilisations-greatest-threat.
15 G. K. Chesterton, "The Ethics of Elfland"를 보라. *Orthodoxy* (Garden City, NY: Image Books, 1959), chap. 4에 수록됨.『G. K. 체스터턴의 정통』(아바서원); Jaroslav Pelikan, *The Vindication of Tradition* (New Haven, CT: Yale University Press, 1984), 65.
16 Fisher, "Perils of Short-termism."
17 Sacks, *Haggada*, 17.
18 Jonathan Sacks, *Lessons in Leadership* (New Milford, CT: Maggid Books, 2015), 173.
19 John Ralston Saul, *Voltaire's Bastards: The Dictatorship of Reason in the West* (New York: Simon & Schuster, 2013), 38.
20 Anthony Storr, *The Essential Jung* (Princeton, NJ: Princeton University Press, 1983), 377.
21 Reinhold Niebuhr, *Faith and History: A Comparison of Christian and Modern Views of History* (New York: Charles Scribner, 1949), viii.
22 Os Guinness, *The Last Christian on Earth* (Ventura, CA: Regal, 2010)를 보라.
23 George Tyrell, *Christianity at the Crossroads* (London: Allen & Unwin, 1963), 49.
24 Peter L. Berger, *A Rumor of Angels* (New York: Penguin, 1963), 12; Peter L. Berger, *Facing up to Modernity* (New York: Basic Books, 1977), 163.
25 John Ralston Saul, *Unconscious Civilization* (New York: Free Press, 1995), 19.
26 Saul, *Unconscious Civilization*, 19.
27 Friedrich Nietzsche, *Untimely Meditations*, trans. Anthony Ludovici (n.p.: Pantianos Classics, 1909), 148.『반시대적 고찰』(책세상).
28 C. S. Lewis, "Christian Apologetics." *C. S. Lewis Essay Collection* (London: HarperCollins, 2002), 147에 수록됨.
29 Lewis, "Christian Apologetics", 146.

6. 끝은 끝이 아니다

1   G. K. Chesterton, *The Everlasting Man*, G. K. Chesterton Collected Works 2 (San Francisco: Ignatius Press, 1986), 387. 『G. K. 체스터턴의 영원한 사람』(아바서원).
2   Reinhold Niebuhr, *Faith and History: A Comparison of Christian and Modern Views of History* (New York: Charles Scribner, 1949), 111.
3   Niebuhr, *Faith and History*, 236.
4   Jane Austen, *Persuasion* (London: Penguin Classics, 1998), 138. 『설득』; Søren Kierkegaard, *Journal* (Copenhagen: Søren Kierkegaard Research Centre, 1843), 18:306.
5   Jonathan Sacks, *Covenant & Conversation—Genesis* (New Milford, CT: Maggid Books, 2009), 256.

결론. 생명을 선택하라

1   Friedrich Nietzsche, *The Birth of Tragedy*. *The Philosophy of Nietzsche* (New York: Random House, 1927), 961에 수록됨. 『비극의 탄생』.
2   Sophocles, "Oedipus at Colonus." *The Three Theban Plays*, trans. Robert Fagles (New York: Penguin, 1982), 358에 수록됨.

이름 찾아보기

고갱, 폴(Paul Gauguin) 88
고야, 프란시스코(Francisco Goya) 83-84
괴테, 요한 볼프강 폰(Johann Wolfgang von Goethe) 119, 130
그레이, 존(John Gray) 85-86, 114, 116, 119
기번, 에드워드(Edward Gibbon) 119-120

니버, 라인홀드(Reinhold Niebuhr) 54, 84, 136-137, 173, 191, 194
니버, 리처드(H. Richard Niebuhr) 145-146
니체, 프리드리히(Friedrich Nietzsche) 45, 47, 59, 71, 81, 87, 125-126, 177, 205-206

다윗(David) 135, 139, 140
던, 존(John Donne) 164
도스토옙스키, 표도르(Fyodor Dostoevsky) 162
디오게네스(Diogenes) 31

러셀, 버트런드(Bertrand Russell) 36, 48, 82, 83
레닌, 블라디미르(Vladimir Lenin) 109
레비, 프리모(Primo Levi) 179
루이스, C. S.(Lewis) 57, 67, 127, 172, 178
린뱌오(林彪) 124
링컨, 에이브러햄(Abraham Lincoln) 54, 152

마르크스, 카를(Karl Marx) 33, 114, 159
마오쩌둥(毛澤東) 124, 125, 186
마카베우스, 유다스(Judas Maccabeus) 138
멈퍼드, 루이스(Lewis Mumford) 82
메테르니히(Metternich) 127
모세(Moses) 54, 135, 140, 151, 165, 167, 198
밀, 존 스튜어트(John Stuart Mill) 108

바울(Paul) 127, 133, 139, 141
바필드, 오웬(Owen Barfield) 172

배니스터, 로저(Roger Bannister) 80
버거, 존(John Berger) 89
버거, 피터(Peter Berger) 113
버크, 에드먼드(Edmund Burke) 181
베케트, 사뮈엘(Samuel Beckett) 88
보나파르트, 나폴레옹(Napoleon Bonaparte) 93, 203
보들레르, 샤를(Charles Baudelaire) 101
보일, 로버트(Robert Boyle) 107
브룩스, 데이비드(David Brooks) 61
비트겐슈타인, 루트비히(Ludwig Wittgenstein) 41, 48

산타야나, 조지(George Santayana) 147
색스, 조너선(Jonathan Sacks) 79, 147, 149, 167-168
셰익스피어, 윌리엄(William Shakespeare) 29, 45, 49, 55, 70, 81, 89, 128
소로, 데이비드(David Thoreau) 115
소포클레스(Sophocles) 156, 205
솔, 존 랠스턴(John Ralston Saul) 84, 172
쇼펜하우어, 아르투어(Arthur Schopenhauer) 46, 84
슐라이어마허, 프리드리히(Friedrich Schleiermacher) 173, 174
스탈린, 이오시프(Joseph Stalin) 61, 121

스펜서, 허버트(Herbert Spencer) 114
시므온(Simeon) 187

아렌트, 한나(Hannah Arendt) 156, 157
아리스토텔레스(Aristotle) 44, 51
아모스(Amos) 179, 193
아브라함(Abraham) 51, 60, 131-132, 193
아시시의 성 프란체스코(St. Francis of Assisi) 54, 130, 168
아우구스티누스(St. Augustine) 41, 187, 191
애치슨, 딘(Dean Acheson) 116
에벌린, 존(John Evelyn) 93
엘리아데, 미르체아(Mircea Eliade) 42, 50, 72, 89
엘리엇, T. S.(Eliot) 114
예수 그리스도(Jesus Christ) 32, 130, 132, 133, 135-138, 139, 141, 145, 150-151, 160, 165, 171, 174, 176-177, 179, 181, 191, 196, 202, 203-204, 207
오스틴, 제인(Jane Austen) 157, 200
오웰, 조지(George Orwell) 106
와일드, 오스카(Oscar Wilde) 62
와츠, 아이작(Isaac Watts) 168, 192, 209-210
워싱턴, 부커(Booker T. Washington) 152
위고, 빅토르(Victor Hugo) 156

융, 카를 구스타프(Carl Gustav Jung) 172

장제스(蔣介石) 124, 185
존슨, 폴(Paul Johnson) 49

체스터턴, G. K.(Chesterton) 114, 163, 188

칸트, 이마누엘(Immanuel Kant) 84, 119, 160
쿤데라, 밀란(Milan Kundera) 29, 87
크르즈나릭, 로먼(Roman Krznaric) 34-37, 48, 128
키르케고르, 쇠렌(Søren Kierkegaard) 200
키플링, 러디어드(Rudyard Kipling) 40
킹, 마틴 루서(Martin Luther King, Jr.) 54, 115, 150

타르폰(Tarfon) 73
테그마크, 맥스(Max Tegmark) 84
톨스토이, 레오(Leo Tolstoy) 30

파스칼, 블레즈(Blaise Pascal) 51, 56, 132
파커, 시어도어(Theodore Parker) 115

펠리칸, 야로슬라프(Jaroslav Pelikan) 163
포드, 헨리(Henry Ford) 103
포크너, 윌리엄(William Faulkner) 145
프루동, 조제프(Joseph Proudhon) 83
플라우투스(Plautus) 101
필딩, 헨리(Henry Fielding) 102
핑커, 스티븐(Steven Pinker) 84

하디, 토머스(Thomas Hardy) 33
하라리, 유발 노아(Yuval Noah Harari) 67
하르나크, 아돌프 폰(Adolf von Harnack) 174
하이데거, 마르틴(Martin Heidegger) 121
헤라클레이토스(Heraclitus) 89, 192
헤로도토스(Herodotus) 159-160
헤셸, 아브라함 요수아(Abraham Joshua Heschel) 31, 52, 76
헬러, 조지프(Joseph Heller) 89
호라티우스(Horace) 34, 45
호킹, 스티븐(Stephen Hawking) 41
흐루쇼프, 니키타(Nikita Khrushchev) 115
히틀러, 아돌프(Adolf Hitler) 119, 121, 158

주제 찾아보기

감사(gratitude) 146-147, 202
개혁(reform) 59
겸손(humility) 59-60, 65, 66, 67, 138, 141, 180, 208
계몽주의(Enlightenment, the) 60, 81, 84, 86, 110, 112, 113, 119-120, 147, 160, 172, 199
공간(space) 31, 95, 108-109, 165
공산주의(communism) 114, 116, 125, 185-186
과거(the past) 53, 54-55, 56, 58-59, 61-63, 78, 83, 116, 121, 129, 145-159, 200-201, 204. 또한 '과거, 현재, 미래'를 보라.
과거, 현재, 미래(the past, present, and future) 53, 56, 121, 145-146, 171, 201, 204
과학(science) 38, 64, 69, 79, 82-83, 86, 99, 107, 109, 113, 175, 178
구원(salvation) 46, 158, 199
근시안(myopia) 171, 190
기억(memory) 54, 56, 146-147
깨어진 세상(broken world) 73, 76, 156, 206
끝(endings) 192-196. 또한 '마지막 때'를 보라.

나치즘(Nazism) 116, 121, 124, 149, 158
낙심(discouragement) 189-190, 195-196

단기적 사고방식(short-term thinking) 37, 162-163
독특성(uniqueness)
    유대교와 기독교의 36, 48-49, 74-75, 78
    인간의 49, 52-53, 57, 68-69
    하나님의 51
동양 종교(Eastern religions) 42, 43-47, 48, 49, 66, 71, 74, 79, 87, 90

마르크스주의(Marxism) 37, 86, 112, 114, 150, 159
마지막 때(end times) 203-204, 208-209. 또한 '묵시'를 보라.

목적(purpose) 28, 38, 49-50, 111,
  191, 194, 195
  하나님의 목적 68-69, 71, 129,
    139-142, 194-195, 199,
    208-209
  또한 '의미'를 보라.
무신론(atheism) 36, 84, 85-86
묵시(apocalypse) 194, 199, 201. 또한
  '마지막 때'를 보라.
미래(the future) 53, 58-59, 60, 62,
  65, 83, 93, 113, 121, 129, 153-154,
  165, 171-182, 200-201
  미래의 예측 불가능성 58-59, 65,
    69-70
  또한 '과거, 현재, 미래'를 보라.
믿음(beliefs) 38, 113-114, 121, 133-134,
  172
믿음(faith)
  과 두려움 188-191
  과 세대주의 165-166
  과 역사 83, 131, 146-147
  과 종교적 진보주의 173-175,
    180-181
  과 현대 세계 92, 110, 189-190
  위기 속의 186-187, 191-196,
    203-204
  의 삶 61, 72-73, 129-134, 139-142,
    146-147, 199, 208-209
  의 적실성 175-181

배신(betrayal) 117, 173-175, 195

변화(change)
  와 개신교 자유주의와 복음주의
    168
  와 계몽주의 160
  와 순환적 시간 47
  와 언약적 협력 관계 72, 196
  와 자유 54-55, 59-60, 64
  와 회개 153-154, 155, 157
  의 세계관 44, 94, 102-103, 118-119,
    121-122, 175-176
보수주의(conservatism) 121-122
복음(the gospel) 132, 148, 152, 168,
  173, 176-178, 182, 184
복음주의(Evangelicalism) 168-170
  진보적 복음주의자 173-174
분별(discernment) 134-138, 178,
  179-180
불안정(insecurity) 63
불완전함(incompleteness) 73, 141-142,
  201, 208

사회주의(socialism) 112, 163
서구 세계(the Western world) 36, 37,
  47-48, 63, 79, 84, 92-94, 99-100,
  116, 130, 176, 184, 186, 189, 194,
  195
  와 교회 144, 168-169, 176, 184,
    189, 195
선지자(prophets) 60, 73, 117-118,
  140-141, 159, 177-182, 196
선택(choice) 128

과 소비 지상주의　95
　　과 자유　58, 59, 60, 61, 64
　　의 결과　56-58, 65, 66-67, 90,
　　　　145, 164, 200
　　할 수 있는 능력　52-53
섭리(providence)　55, 71, 73-83, 154,
　　157-158, 188, 194
성 혁명(sexual revolution)　112
세계화(globalization)　92-93
세대주의(generationalism)　159-165
　　세대 간 전수　165-168, 198
세속주의(secularism)　36, 42, 63, 79,
　　82, 83-84, 86, 89, 90, 113, 114,
　　116, 150, 159, 193, 197
소망(hope)　65, 72, 84-85, 113, 116,
　　166, 170-171, 189, 195-196, 197,
　　198, 202-203, 208
순환적 시간(cyclical time)　42, 43-47,
　　74, 79, 89-90, 192, 207
　　언약적 시간과의 비교　47-48,
　　　　52, 57
　　연대기적 시간과의 비교　79
시간을 초월함(timelessness)　80, 177,
　　181-182
시간의 신비(mystery of time)　32,
　　40-42, 208
시계(clocks)　80, 92-104, 107, 110,
　　180. 또한 '회중시계'를 보라.
심판(judgment)　110, 135-136,
　　141-142, 180, 192-194

안식(Sabbath)　74-75, 77-78
언약적 시간(covenantal time)　42, 47-68,
　　71-74, 90, 128, 146, 188-191
　　순환적 시간과의 비교　47-48, 57
　　연대기적 시간과의 비교　79-81
　　하나님과의 협력 관계　70-72
연대기적 시간(chronological time)
　　42, 79-90
　　순환적 시간과의 비교　79
　　언약적 시간과의 비교　79-81
열차(trains)　100
영원성(eternity)　79, 179
왜곡(distortions)　28, 35, 138
　　과거의　146-159
　　미래의　171-182
　　현재의　159-171
용서(forgiveness)　61-62, 78, 129, 151,
　　153-159
유토피아(utopia)　77-78, 112, 119-120,
　　164, 197
윤리(ethics)　46, 175
음악(music)　168-169
의미(meaning)
　　무의미함　36, 42-43, 49-50, 72,
　　　　80, 85, 87-90, 126, 188
　　시간의　38, 49, 71, 76, 79-80, 200
　　의 베일 벗기기　200-201, 202,
　　　　208-209
　　인생의　28, 30, 36, 37-38, 42-43,
　　　　48-49, 56, 80-81, 126, 207
이스라엘(Israel)　75-76, 117-118, 135,

139, 140, 151, 158, 166, 193, 197
인간의 중요성(human significance)
　38, 46, 49, 52, 66, 68, 69, 71, 72,
　90, 126, 171, 207-208
인본주의(humanism)
　세속적 인본주의　68, 114
　의 성경적 관점　58, 68, 199
　초인본주의　68, 85
　탈인본주의　68, 74

자연(nature)　41, 137
　과 순환적 시간　44, 46, 74
　과 역사　75-76
　과 인간　52, 57
　과 하나님　50-51
자유(freedom)　44, 46, 48-49, 50, 51-53,
　54-67, 118, 149, 151, 153, 191, 209
　와 미움　148-153
　와 안식　74-75
　와 회개　154-157
　의 열린 특성　55-56, 63-65, 191
　의 타락　55, 64-65, 76-77, 113,
　　197-198
자유주의(liberalism)　86, 108, 121-122,
　168, 173-174
장기적 사고방식(long-term thinking)
　162-163, 164, 167, 187, 196-198,
　206
적실성(relevance)　144, 169, 175-179,
　180, 181
전통(tradition)　54, 94, 121, 163-164,
165, 168
정의(justice)　60, 78-79, 115, 147, 150,
　153, 158-159, 198, 207
제한된 시간(limited time)　29, 30, 32,
　43, 87, 101-104, 127-128, 140-141,
　206-207
존재(existence)　28-29, 40-41, 43, 46,
　55, 66
죄(sin)　61-63, 72, 164, 192
죽음(death)　29, 32-33, 52, 163-164,
　205-206, 208
중국(China)　63, 93, 124, 184-187
즉흥성(spontaneity)　35, 37, 128
지혜(wisdom)　38, 46, 90, 132, 138,
　162, 163, 177
진리(truth)　30, 48-49, 132-133, 138,
　161, 165, 189, 190-191
진보주의(progressivism)　110, 111-121,
　150, 160
　기독교 진보주의자　171-175,
　　180-181

창조(creation)　48, 74, 125
　와 인간　55, 57, 60, 69, 75, 81-82
　와 하나님　51, 69, 71-72, 74
창조성(creativity)　55, 57, 59-60, 64,
　75, 130, 134
책임성(responsibility)　52, 57-58, 65-67,
　75, 117-118, 141, 162, 166-167, 199
철학(philosophy)　38, 42, 51, 92,
　130-131, 132

청지기직(stewardship) 140

피해의식(victimhood) 62, 146-151

하나님의 영(Spirit of God) 126, 138
하나님의 주권(sovereignty of God)
　48, 52, 69, 75, 131, 188
하나님의 토대(foundation of God)
　126, 128, 130, 134
행위(actions)
　믿음에 의한 72, 73, 141-142,
　　179-180, 196, 207-208
　의 중요성 47, 56-57, 87,
　　156-157, 165
　하나님의 132-133
현대 세계(modern world) 35-36,
　59-60, 61, 77, 82, 89, 106, 111,
　118, 121-122, 144, 160, 163, 172,
　176, 180-181, 189-190
　시간의 노예 33-34, 75, 77, 162

현실주의(realism) 46, 84, 119, 127,
　170, 189
　성경의 현실주의 62, 78, 154,
　　170, 192-193, 195-196, 200
현재(the present) 54-55, 78, 83, 93,
　129, 140-141, 159-171, 195. 또한
　'과거, 현재, 미래'를 보라.
혐오(hatred) 148-153
홀로코스트(the Holocaust) 84, 113,
　119-120, 149, 158
화해(reconciliation). '용서'를 보라.
회개(repentance) 61-62, 78, 129,
　153-159
회복(restoration) 61, 72, 140, 166,
　194, 203, 207
회중시계(watches) 94-95, 96-97, 100
효율성(efficiency) 33, 100, 102-103

옮긴이 **홍병룡**은 연세대학교 정치외교학과와 동 대학원을 졸업했으며, IVP 대표 간사를 지냈다. 캐나다 리젠트 칼리지와 기독교학문연구소에서 수학했으며, 현재 프리랜서로 기획 및 번역 일을 하고 있다. 기독교 세계관, 평신도 신학, 일상생활의 영성, 신앙과 직업 등이 주된 관심사이며, 옮긴 책으로는 『성경과 편견』(성서유니온), 『정의와 평화가 입맞출 때까지』(IVP), 『완전한 진리』(복있는사람), 『일과 창조의 영성』, 『주일 신앙이 평일로 이어질 때』, 『G. K. 체스터턴의 정통』(이상 아바서원) 등 다수가 있다.

오늘을 사는 이유

초판 발행_ 2020년 5월 11일
초판 3쇄 2024년 8월 5일

지은이_ 오스 기니스
옮긴이_ 홍병룡
펴낸이_ 정모세

펴낸곳_ 한국기독학생회출판부
등록번호_ 제2001-000198호(1978.6.1)
주소 04031 서울 마포구 동교로 156-10
대표 전화_ (02)337-2257 팩스_ (02)337-2258
영업 전화_ (02)338-2282 팩스_ 080-915-1515
홈페이지_ http://www.ivp.co.kr 이메일_ ivp@ivp.co.kr
ISBN 978-89-328-1756-9

ⓒ 한국기독학생회출판부 2020

책값은 뒤표지에 있습니다.
무단 전재와 복제를 금합니다.